Olivier KLEIN
Directeur général de la BRED
Professeur de macro-économie financière,
de politique monétaire et de banque à HEC Paris

Crises et mutations : petites leçons bancaires

Choc des ruptures ou gestion sereine de la transformation ?

Éditions
EYROLLES

RB
ÉDITION

ISBN : 978-2-85034-027-7
Diffusé par les Éditions d'Organisation,
1, rue Thénard, 75240 Paris Cedex 05

www.revue-banque.fr

Suivi éditorial : Manuella Guillot-Michaud

« La crise est ce qui sépare le vieux du neuf. »
Antonio Gramsci, *Cahiers de prison*, 1948

« Nous apprenons trop, nous ne pensons pas assez. »
Friedrich Nietzsche, *Ainsi parlait Zarathoustra*, 1883-1885

PROLOGUE

« La crise est ce qui sépare le vieux du neuf » (Gramsci)

Les crises propres aux sociétés humaines ne sont que très rarement des événements survenus brutalement. De façon totalement inattendue ou imprévisible. Par surprise, en quelque sorte. La plupart du temps, elles sont le fruit d'une gestation longue. Elles émergent de par les contradictions internes portées par les organisations humaines, ou par les conflits qu'elles ont lentement construits entre elles, ou entre elles et la nature.

Et ces crises elles-mêmes se déroulent sur un temps généralement assez long. Parce qu'elles sont l'expression de ces contradictions ou de ces conflits. Il s'agit du moment où le mode d'organisation politique, social et économique précédent ne fonctionne plus. Et où, du désordre ainsi créé, émerge lentement, non linéairement, par à-coups, un nouvel ordre, réorganisant le mode de régulation de la société, dans ses différents aspects et dans leur articulation entre eux. Ce nouvel ordre, cette nouvelle organisation sont ainsi enfantés, par un mélange de déterminisme et de hasard, par un moment chaotique, que l'on appelle

« crise ». Apparaît ainsi le nouveau, qui n'éradique pas le vieux, mais qui, en en conservant certains traits, en adoptera également d'autres.

Certes, la crise conçue ainsi comme moment de mutation – et non de destruction – ne parvient pas toujours à engendrer une nouvelle forme viable. Nous savons que certaines maladies ou certains désordres finissent par faire disparaître le malade, l'entreprise ou même la civilisation. Par l'effet indémêlable, ici encore, du déterminisme et du hasard. Cependant, comme tout organisme biologique, l'homme, l'entreprise ou la société cherchent à survivre, et même à croître, au sens de « sur-vivre » ou vivre au-dessus.

C'est tout l'intérêt du croisement des sciences « dures » (physique et biologie, en l'occurrence) et des sciences humaines[1] que d'avoir montré les similitudes dans le fonctionnement du vivant et le rôle de « l'ordre par le bruit », dans l'évolution des organismes vivants, biologiques comme humains[2].

C'est une grille de lecture très éclairante pour comprendre et gérer une entreprise. Et pour assurer sa conduite par temps de mutation. Pour éviter les crises fatales, en menant le changement avec détermination, mais sans brutalité. Et avec ce que j'appelle l'« ingénierie du changement », la façon de conduire l'indispensable mutation, de façon efficace et mobilisatrice. En faisant de tous des acteurs du changement. Cette conduite du changement, en entreprise, est ainsi essentielle. Pour éviter

1. Ilya Prigogine et Isabelle Stengers, *La Nouvelle Alliance*, Gallimard, 1979.
2. Henri Atlan, *Entre le cristal et la fumée. Essai sur l'organisation du vivant*, Seuil, 1979.

les ruptures, les traumas, les « disruptions ». Et amener, autant que faire se peut, l'entreprise et ses équipes à bon port.

Dans cet ouvrage, je montre en outre que les grandes mutations dues à la globalisation et à la révolution technologique digitale ne conduisent pas obligatoirement les entreprises, notamment de services – et je m'appuierai essentiellement sur le cas de la banque de détail –, à changer totalement de paradigme. La nécessaire mutation n'exige en aucun cas de renier son essence. Sans quoi, la crise n'est plus le temps de la mutation, mais l'effet brutal d'une rupture non préparée, entraînant éventuellement une logique d'attrition fatale. L'idée de la « disruption » n'est peut-être en effet que la conséquence d'une analyse incomplète ou insuffisante de l'essence même du métier et d'une perception imparfaite des conséquences de la modification de l'environnement dans lequel évolue l'entreprise.

« Nous apprenons trop, nous ne pensons pas assez » (Nietzsche)

Bien entendu, Nietzsche ne pense pas qu'apprendre soit inutile. Apprendre permet de penser. Il n'est pas de pensée qui ne se nourrisse des acquis antérieurs. Mais, précisément, il s'agit ici de se forger sa pensée. De penser par soi-même. Or, en gestion, comme dans la vie en société, le mimétisme de la pensée est prégnant. Soit parce que l'on pense que les autres savent plus que soi-même, et il est alors rationnel de les copier. Soit parce qu'il est plus sûr, pour se sentir membre du groupe auquel on appartient, de penser comme les autres. Cela rassure, mais aussi cela permet d'éviter, à peu de frais, de ne pas être exclu, ostracisé, par le groupe lui-même. « Veux-tu avoir la vie facile ? Reste toujours près du troupeau, et oublie-toi en lui » (Nietzsche, toujours). Le respect de la norme de pensée en vigueur est à bien des égards protecteur individuellement. L'Histoire a, évidemment, montré qu'il pouvait en être de même pour une société, si la norme était raisonnable. Mais elle a aussi montré tragiquement qu'il pouvait en être tout autrement, si la norme s'avérait être nuisible, voire pathologique. Le mimétisme, dans certains autres cas, notamment sur les marchés financiers, peut être autoréférentiel. Il ne s'agit pas là de copier pour des questions d'informations possiblement détenues par d'autres ou d'imiter de façon normative par volonté d'appartenance au groupe, mais parce qu'il est efficace de faire comme la moyenne des autres. Si l'on pense que le « marché » va monter, parce que l'opinion moyenne le pense, alors on a intérêt à acheter parmi les premiers. Symétriquement, si l'on pense que le « marché » est à la baisse. L'analyse du mimétisme produite par André Orléan[3] est d'un éclairage puissant.

Dans le cas qui nous intéresse – la conduite stratégique d'une entreprise dans un environnement en mutation –, le mimétisme d'information peut jouer. À l'opposé, le mimétisme autoréférentiel me semble peu pertinent en ce cas. Si toutes les entreprises concurrentielles prennent la même direction, le gain n'est pas cumulatif, alors que, sur les marchés financiers, le prix de marché n'en évolue que davantage. La différenciation stratégique fait partie des jeux concurrentiels nécessaires.

---

3. André Orléan, *De l'euphorie à la panique : penser la crise financière*, Presses de l'ENS, 2009 ; *L'Empire de la valeur : refonder l'économie*, Seuil, 2011.

Mais le mimétisme normatif me paraît avoir un potentiel explicatif important. Keynes disait : « La sagesse universelle enseigne qu'il vaut mieux, pour sa réputation, échouer avec les conventions que réussir contre elles[4]. » Choisir une direction autre que la moyenne est risqué. Pourtant le capitalisme schumpetérien est fondé sur ce risque. Le risque de l'innovation. Celui de la différenciation. Il est vrai que le mimétisme provoqué par la Bourse qui, à court terme, sanctionne les entreprises ne suivant pas l'opinion commune, forge une pression difficile à ignorer pour les dirigeants de groupes cotés. Le regard de la Bourse. Le regard de ses pairs. N'en reste pas moins, évidemment, la nécessité de penser par soi-même. À l'appui des acquis précédents, comme de sa propre expérience. Et avec son intelligence analytique, comme avec son intelligence intuitive (ou émotionnelle, comme on le dirait aujourd'hui), pour reprendre les concepts kantiens. Pour percevoir les bonnes voies, l'essence du métier, l'évolution des attentes des clients, et les conséquences en termes d'activité comme d'organisation. C'est cette même combinaison des deux types d'intelligence qui permet d'anticiper au mieux. Donc de décider au mieux. L'intelligence intuitive, celle liée à la sensibilité, provient d'une attitude, d'un esprit attentif à l'autre. La proximité, l'intimité avec les gens comme avec les choses, permettent de ressentir de façon plus pertinente ce qui peut se produire. De mieux anticiper les réactions. Ainsi, les dirigeants ne peuvent forger les bonnes décisions que s'ils allient à leur capacité d'analyse la proximité avec le « terrain », les visites régulières des équipes et l'écoute attentive des clients. Puis, par un processus de tâtonnement, guidé par une stratégie, une « vision » la plus claire

4. John Maynard Keynes, 1936.

possible, faire des allers-retours entre les changements provoqués et les réactions à ces changements, conduisant inlassablement à adapter, à ajuster sa stratégie, pour éviter autant que possible les écueils. La volonté de penser par soi-même, de penser davantage, d'anticiper au mieux, ne pouvant que s'accompagner d'une forte modestie et d'un processus itératif qui accepte et intègre l'erreur.

*
* *

La démarche qui m'a animé dans la conduite des banques que j'ai eu à diriger depuis de nombreuses années repose pour bonne partie sur ces deux idées. Penser au mieux les mutations et anticiper au plus près tant l'évolution de l'environnement sociétal et économique que les réactions possibles aux décisions de changement prises. Créer du nouveau, sans perdre de vue l'essence, l'utilité fondamentale et permanente du métier. Bref, conduire la mutation pour éviter la crise, la « disruption ».

Dans cet ouvrage, d'autres considérations complémentaires à celles-ci sont également exposées. Notamment la conviction raisonnée du passage du capitalisme actionnarial au capitalisme partenarial (celui des parties prenantes). Cette évolution est nécessaire, au-delà même de la réussite de chaque entreprise, à l'efficacité durable du système économique dans son ensemble. L'économie, elle aussi, connaît des mutations successives.

Crises et mutations des entreprises. Crises et mutations du système économique.

Homme d'entreprise ou homme politique, il me semble que chacun doit en permanence avoir à l'esprit que la conduite sereine de la mutation est bien plus favorable et efficace, économiquement et socialement, que la gestion d'une crise brutale. Cette dernière résulte trop souvent d'une pensée insuffisante des forces à l'œuvre et d'un manque de conduite appropriée de la transformation, de la gestation du nouveau. Et parfois de la difficulté à distinguer ce qui est permanent ou ce qui fait l'essence même de l'organisme vivant, que l'on a l'honneur et le devoir de piloter, de ce qui évolue, se modifie et bouleverse l'ordre antérieur. C'est la bonne intelligence de la combinaison de ce qui est nécessaire dans le vieux et de ce qui est indispensable dans le neuf qui peut donner la meilleure conduite du changement.

À chacun donc, en politique comme en entreprise, d'œuvrer au mieux pour le bien commun.

SOMMAIRE

BIOGRAPHIE DE L'AUTEUR

Diplômé de l'École nationale de la statistique et de l'administration économique (ENSAE) et du cycle d'études supérieures en finances d'HEC, licencié en sciences économiques (université Panthéon-Sorbonne), Olivier Klein a un parcours riche qui l'a conduit, en 2012, au poste de directeur général du Groupe BRED, la plus importante banque commerciale du Groupe BPCE. Il est par ailleurs, depuis janvier 2018, président de la section française de la Ligue européenne de coopération économique (LECE).

En 1985, il entre d'abord à la Banque française du commerce extérieur (BFCE) comme directeur du département de conseil en gestion de risque de change et de risque de taux d'intérêt des grands clients de la banque. Puis il crée la banque d'affaires de la BFCE (fusion-acquisition et capital investissement) dont il prend ensuite la direction.

Il intègre le Groupe Caisse d'Épargne en 1998 où il préside le directoire Île-de-France Ouest, puis, après fusion, celui de la région Rhône-Alpes. Parallèlement, il est également le président de la commission banque de détail du Groupe.

Début 2010, Olivier Klein est nommé directeur général du Groupe BPCE (réunissant les Banques populaires et les

Caisses d'Épargne), en charge de la banque commerciale et des assurances. Fin 2012, il prend la tête de la BRED, la plus importante banque commerciale du Groupe.

Parallèlement à ces activités, il garde de solides attaches avec le monde universitaire. De 1983 à 1985, il est chargé d'enseignement en dernière année de licence à l'université Panthéon-Sorbonne pour le cours de problèmes monétaires internationaux, puis directeur de groupes de recherche en troisième année à l'ENSAE en 1985 et 1986. Aujourd'hui, Olivier Klein est professeur affilié à HEC, co-responsable de la Majeure HEC *Economics and Finance* (Master 2 de la Grande École) et du Master spécialisé du même nom. Il y enseigne les cours de macroéconomie financière, de politique monétaire et d'économie et de gestion de la banque.

INTRODUCTION

Rares sont les crises mondiales dont les banques ne sont pas tenues responsables. Pourtant, rares sont celles où les banques n'ont pas un rôle à jouer pour éviter l'effondrement ou pour faciliter la reconstruction. Avec cette crise qui tarde à s'achever, s'il est trop tôt pour en tirer des enseignements définitifs, on peut légitimement affirmer qu'elle aura contribué à confirmer la profonde utilité sociale des banques dans une période de bouleversements d'ampleur.

La notion de risque systémique prend ici un sens singulier. Un virus est venu heurter de plein fouet le fonctionnement complexe de nos sociétés mondialisées, désorganisant l'ensemble des flux humains, économiques et financiers et mettant à nu des fragilités impensées. Entre l'incontournable réorganisation dans l'urgence et l'éventuelle aspiration à un « monde d'après », de nouveaux équilibres se sont fait jour. Reste à distinguer l'exceptionnel de ce qui est appelé à perdurer.

Car choc ne signifie pas rupture. En l'espèce, il s'agit plutôt d'une accélération de cycles de transformations déjà en cours : économiques, sociales, écologiques, territoriales et numériques. L'originalité réside dans le caractère soudain, cumulatif et subi de cette accélération. Cela multiplie d'autant les compétences et ressources nécessaires pour les mener à bien, de façon maîtrisée : un arbitrage raisonné entre l'urgence et le long terme, comme une appréciation et une gestion fine du risque.

Ces attendus dessinent en creux l'enjeu auquel doivent faire face les entreprises devant cette tourmente, mais aussi la permanence du rôle et de la raison d'être de la banque : gérer et accompagner toutes les transitions. Tour à tour transformatrice et transformée, elle continue de faire mentir la chronique de sa mort annoncée. La banque s'est toujours réinventée au gré des bouleversements de l'histoire longue.

Son utilité sociale a été confirmée à la faveur de la crise. Outre son indispensable rôle de financeur de l'économie réelle, elle a fait la preuve de sa capacité d'anticipation et d'adaptation en accompagnant le foisonnement de nouveaux usages et comportements de consommation. À l'image du recul de la monnaie fiduciaire, de la généralisation de l'e-commerce et du commerce hybride ou encore de la digitalisation. Cela n'a été rendu possible que parce que la banque était prête, avec des technologies matures, des infrastructures bien dimensionnées, des organisations adaptées et des équipes formées.

Ce sont autant de preuves de sa propre capacité de transformation, en tant qu'industrie et en tant qu'institution. Pressée par les néobanques, les *FinTech* et autres Gafam, elle a su réaffirmer son rôle de producteur et de distributeur de services financiers, en mettant à profit la technologie pour mieux développer encore ce qui fait sa spécificité et sa valeur ajoutée : le conseil. Si le numérique a ses avantages pour réduire les coûts sur le transactionnel, dans le domaine du conseil il ne sert réellement la compétitivité que lorsqu'il est mis au service de l'humain, pour multiplier les temps de contact avec les clients, assister les conseillers dans leur prise de décision et développer une organisation du travail souple et efficace.

C'est tout le sens de mon action à la tête de la BRED : donner toute sa place à l'intelligence humaine, seule à même de proposer des solutions personnalisées, de suivre des projets de vie sur le long terme et, finalement, de préserver le principal déterminant de l'intermédiation bancaire qu'est la confiance. Cette ambition humaine se double d'une nécessaire proximité qui passe par le maintien d'un réseau d'agences, sur tout le territoire. En la matière, à la faveur de la crise, on peut évoquer une forme d'anticipation de l'existence indispensable du local face au mondial.

L'association de l'humain, de la confiance et de la proximité témoigne de l'attention portée à l'ensemble des parties prenantes de l'entreprise. En tant que banque coopérative, cela nous est naturel. L'extension de la responsabilité des banques, et plus largement des entreprises, illustrée par une forte communication autour de la raison d'être et par la multiplication des entreprises à impact ou à mission, symbolise l'avènement d'un capitalisme partenarial que j'appelle de mes vœux depuis de nombreuses années. La banque coopérative ou mutualiste aura ici démontré une forme de modernité incontestable.

Aussi est-il nécessaire de continuer à mettre cette modernité toujours renouvelée au service de l'accompagnement des grandes transitions actuellement à l'œuvre.

les responsables les conseillers dans leur [illegible] une organisation [illegible] et efficace.

C'est [illegible] de [illegible] OCDE [illegible] toute sa place à l'intelligence [illegible] de proposer des solutions [illegible] des projets [illegible] sur le long terme [illegible] bancaire [illegible] la confiance [illegible] se double [illegible] nécessaire [illegible] la [illegible] d'un réseau de [illegible] la matière, à la [illegible] de la [illegible] forme [illegible] fait au [illegible]

L'essor [illegible] de l'[illegible] mérite [illegible] de l'attention [illegible] particulier [illegible] Pentagone [illegible] positives [illegible] est [illegible] substitut [illegible] banques [illegible] et plus [illegible] illustre [illegible] d'être [illegible] application [illegible] à [illegible] national que [illegible] années [illegible] démontre que [illegible]

Ainsi est [illegible] aux [illegible] des [illegible] transactions [illegible]

1

LA BANQUE : CYGNE OU PHÉNIX ?

CONDUIRE LE CHANGEMENT ET PRÉSERVER L'ESSENCE

À intervalles réguliers, depuis quarante ans, on la dit condamnée. Elle ? La banque. La banque traditionnelle. La banque du coin de la rue. Rendue obsolète par l'avènement de l'ère informatique, corsetée par la régulation, noyautée de l'intérieur par sa consœur la banque d'affaires, pulvérisée par la digitalisation des usages, la séduction des *pure players* et des *FinTech. Exit* la banque ?

À cette déploration il faut ajouter, en France mais pas seulement, une prévention contre les banquiers qui, avec les assureurs, les huissiers de justice, les journalistes et les politiques, fournissent le gros des professions les moins estimées. Pas une seule manifestation parisienne, de République à Nation, de Bastille à Place d'Italie, sans que soient vandalisés de pauvres DAB et agences qui n'en peuvent mais, avec des graffitis vengeurs vouant aux gémonies la finance et le règne mercantiliste de la monnaie, ou le capitalisme et les forces occultes qui tireraient les ficelles d'un monde financier totalement fantasmé.

Maintes fois enterrées donc, ringardisées quand elles restent de proximité, haïes lorsqu'elles portent beau sur les grandes avenues, quoi qu'elles fassent, les banques « prennent cher ». Au fond, leur utilité sociale – le fait qu'elles soient indispensables à la vie collective – semble devoir se payer d'une méfiance farouche ou d'une certitude affichée de leur disparition prochaine.

Ainsi, la banque, comme institution et comme pratique professionnelle, comme fonction sociale et comme industrie, semble osciller entre incarnation du pouvoir de l'argent et ultime avatar du monde ancien dont il conviendrait de se débarrasser. Ce à quoi visent plus ou moins explicitement et hardiment les monnaies « libres », qui plaident la fin des monnaies bancaires nationales pour vanter l'avènement de monnaies sans contrainte et sans frontière, et *in fine* sans institution.

Mais gare ! Ironiser sur les oiseaux de malheur qui sonnent à répétition le glas de la banque de réseau ne doit pas conduire à balayer d'un revers de la main les critiques consistantes s'exerçant à l'encontre du système bancaire et, plus encore, les risques et défis on ne peut plus réels qui pèsent sur lui.

*

* *

La banque dans l'histoire longue : innovations, crises et régulations

La banque, dans sa forme « primitive », commence par être une activité de prêteurs sur gages et d'échanges de biens précieux. Ses premières formes semblent dater du IIIe millénaire avant J.-C., en Mésopotamie. Puis, sous le règne d'Hammurabi, vers 1750 avant J.-C., à Babylone, le Temple joue le rôle de banque, avec des dépôts et des prêts. Avec le développement du commerce, l'activité bancaire au Moyen Âge se concentre initialement sur le change de monnaies. À partir du XIIe siècle, les banquiers lombards et juifs innovent en créant le compte à vue, avec l'apparition de la comptabilité en partie double et le développement de la lettre de crédit. Enfin, le prêt à intérêt se développe, à l'unisson de l'augmentation des flux commerciaux et de la stabilité sociale et politique. Au XVe siècle, tous les éléments sont rassemblés pour qu'apparaisse le mot français « banque », issu de l'italien *banca*, ces tables de comptoir sur lesquelles les banquiers lombards travaillaient. La Renaissance développe cette logique d'extension progressive à l'échelle du continent européen. Comme en de multiples domaines – industriel, intellectuel, littéraire, politique –, ce sont les XVIIIe et XIXe siècles qui s'avèrent décisifs pour la constitution de la banque moderne telle que nous la connaissons encore. Pour faire face aux investissements réclamés par les révolutions industrielles, mais aussi pour rassurer et augmenter la confiance dans le système des règlements des dettes, la banque doit être un pôle de stabilité et apparaître de plus en plus solide. Tous les débats qui accompagnent le XIXe siècle bancaire sont encore un peu les nôtres : quelle proportion de fonds propres les banques doivent-elles détenir pour faire face, éventuellement, à des pertes ? Quel rôle de la puissance publique dans la régulation ou la dérégulation de l'activité bancaire ? Tout cela, on le voit, quoique en des termes reformulés, alimente toujours nombre de nos questionnements actuels.

D'autant plus actuels que les crises financières et bancaires qui se répètent à la fin du XIXe siècle et au début du XXe continuent de marquer nos imaginaires collectifs, et la crainte bien réelle de leur réapparition. D'où le développement des banques centrales, qui affichent dès lors leur rôle indispensable d'unificateur de l'espace monétaire national, en émettant la « monnaie banque centrale » contre laquelle les « monnaies bancaires » (créées par les banques commerciales via les crédits qu'elles accordent) sont obligatoirement convertibles à raison de 1 pour 1. Et leur rôle de prêteur en dernier ressort, rôle irremplaçable, permettant à une institution « hors marché » – car n'ayant pas de contrainte de rentabilité – de prêter des liquidités aux banques, au moment même où la crise de confiance devient hautement contagieuse et ne leur permet plus de prêter les unes aux autres, créant ainsi une crise de liquidité autoréférentielle. Or ces crises terribles sont à effet long. Les impacts de la puissante crise de 1929, tel un poison lent et corrosif, se font sentir bien après le « Jeudi noir », entraînant des ondes de choc – économiques, sociales, politiques, géostratégiques – dans le monde entier. Pour en rester à la seule dimension bancaire, ce sont 10 000 banques qui, aux États-Unis, ont fait faillite entre 1929 et 1935 ! En France, plusieurs centaines. Ici comme là, on comprend qu'une plus grande étanchéité entre les activités de banque de dépôt, ou « de détail », et de banque d'affaires, ou d'« investissement », doit être aménagée. Le Glass Steagall Act de 1933, signé par Franklin Delano Roosevelt, en est la concrétisation, tandis que la « doctrine Germain », du nom du président du Crédit Lyonnais Henri Germain, formulée un quart de siècle plus tôt, est, de la même manière, appliquée en France.

De l'après-Seconde Guerre mondiale au début des années 1980, la banque française devient une institution très encadrée par les autorités publiques qui conduisent de fait la politique de crédit du pays. À partir du milieu des années 1960 pourtant, Michel Debré, ministre de l'Économie et des Finances, réforme petit à petit le secteur bancaire qui se voit réorganisé dans le sens d'une plus grande liberté d'action, accentuant par là même son rôle dans le fonctionnement de l'économie française. Entraînée par cette dynamique se produit une formidable expansion des réseaux d'agences bancaires qui passent de 4 800 à plus de 9 000, tandis que les effectifs bancaires augmentent de 150 000 à 240 000 personnes de 1967 à 1974. Il faudra attendre le milieu des années 1980 pour que prenne fin le système de l'encadrement du crédit qui n'autorisait jusqu'alors aux banques à faire progresser leur encours de crédit que d'un pourcentage fixé chaque année par les autorités monétaires. Parallèlement, et partout dans le monde, la libéralisation des marchés financiers accélère la multiplication des innovations financières, le développement de nouveaux marchés financiers, comme le second marché boursier, celui des billets de trésorerie ou bien encore celui des instruments dérivés (*swaps*, options...). Peu à peu, les marchés financiers concurrencent, notamment sur le segment des grandes entreprises, le crédit des banques dans l'offre de financement. Le système bancaire est en outre décloisonné et débonifié, permettant à toutes les banques d'exercer leur métier en concurrence sur tout le territoire français et sur tous les segments de clientèle.

De la Seconde Guerre mondiale aux années 1980, l'industrie bancaire française apparaît donc en croissance forte, son utilité sociale et économique est reconnue, sa gestion de la balance entre prudentiel et prise de risque reste relativement équilibrée. Mais la libéralisation financière, hautement justifiée pour assurer une meilleure compétitivité du système financier dans son ensemble et des banques en particulier, va, en contrepartie, augmenter la possibilité d'un retour à l'instabilité macrofinancière et aux crises bancaires. D'une part parce que les marchés financiers sont par nature instables, en raison de leurs comportements mimétiques qui s'expliquent rationnellement par l'absence, le plus souvent, de valeurs objectives ou fondamentales des prix des actifs financiers. L'incertitude radicale règne, cette incertitude qui ne permet pas d'avoir une base de probabilités fiables, pour déterminer la valeur fondamentale d'un actif patrimonial (actions, immobilier, par exemple). D'autre part parce que, face à la perte de revenus due au développement des marchés financiers et à la concurrence ainsi accrue, les banques cherchent à s'affirmer comme des acteurs incontournables des marchés financiers, en tant que super/

hyper-marchés de titres, grâce au développement en leur sein de salles de marché de plus en plus gigantesques. Les banques se lancent également dans le financement de secteurs plus risqués. S'annonce alors l'époque contemporaine à partir de laquelle les crises financières et bancaires vont se faire à nouveau jour et, avec elles, une image dégradée des banques et de leur rôle.

La menace répétée de la disparition des banques

Entre-temps est déjà apparu ce qui va devenir l'antienne de la mort annoncée des banques. À l'origine de ce mouvement en France, peut-être un peu malgré eux, un duo d'énarques brillants dotés d'une plume alerte et séduisante : Simon Nora et le tout jeune Alain Minc. En 1976, le président Valéry Giscard d'Estaing leur a passé commande d'un rapport consacré à l'informatisation de la société, ainsi qu'aux voies et moyens pour l'accélérer et en faire un facteur de progrès. Deux ans plus tard, les deux hommes remettent leur travail[5] qui devient un étonnant succès de librairie, les lecteurs s'enthousiasmant pour cet exercice inédit d'analyse et de prospective, plein d'intuitions et de prédictions, dont certaines frappent encore aujourd'hui par leur *vista*. Leur thèse ? Le monde, en cette fin des années 1970, s'achemine vers l'ère de la « télématique », terme que Nora et Minc préfèrent au *compunication* américain qui, pour recouvrir à peu de chose près la même réalité d'une fusion progressive de la communication et de l'informatique, accentue la notion d'ordinateur

5. Simon Nora et Alain Minc, *L'Informatisation de la société : rapport à M. le Président de la République*, La Documentation française, 1978.

(*computer*) quand les Français privilégient celle de « télécommunication » – une préférence sémantique conduisant au Minitel ici et au Web outre-Atlantique...

Surtout, et c'est là ce qui doit retenir l'attention, les auteurs expliquent combien l'informatique va bouleverser l'économie tertiaire, nombre de tâches pouvant être confiées au traitement informatique des données. Au premier rang des secteurs mis sur la sellette : la banque. Et, pour le faire comprendre, une comparaison pleine d'effroi et de fureur : « La banque, écrivent Nora et Minc, est la sidérurgie de demain. » Comprendre : une industrie vouée aux licenciements de masse. Toute ressemblance avec la mort annoncée des banques de réseau due à l'avènement du numérique... n'est que peu fortuite !

Quarante ans plus tard, les banques sont toujours bien vivantes. Et dans leurs différentes composantes. Cela n'a pas été de tout repos, certes, le nombre de crises financières et monétaires en témoigne. La plus violente d'entre elles, la crise dite « des crédits *subprime* » aux États-Unis entamée à l'été 2007, a, dans son sillage, entraîné la faillite de banques majeures tandis que d'autres, *too big to fail*, étaient sauvées *in extremis* par les puissances publiques. Avec le gel pur et simple des prêts interbancaires, le salut de l'économie est passé par la mobilisation des plus grandes banques centrales, seules à même d'éviter la thrombose générale des circuits monétaires et financiers. Mais il faut noter que la crise, en même temps qu'elle a montré les prises de risque incontrôlées de centaines de banques d'investissement, la titrisation sans règle des crédits, etc., n'a pas signé l'obsolescence des banques, mais a, au contraire, mis en valeur le rôle crucial des banques commerciales dans le fonctionnement économique et l'organisation de la vie sociale.

Pourtant, si aujourd'hui la pandémie a renforcé dans l'opinion publique le caractère essentiel des banques, leur utilité économique et sociale, le bruit de fond persiste à mesure que progresse la technologie quant à l'inéluctabilité de leur disparition en tant qu'entreprises « concrètes », avec un réseau, des collaborateurs, des cadres et… une proximité relationnelle avec leurs clients. Sont-elles vouées à devenir un lieu dématérialisé, automatisé ? La banque comme industrie mixant humain et technologie a-t-elle encore un avenir, ou doit-elle se soumettre, elle aussi et après d'autres, à une inéluctable désincarnation, une irrépressible « ubérisation[6] » ?

On a compris que le débat n'était pas tout à fait neuf. En France, il a pris forme en trois époques distinctes, coïncidant en effet avec des mutations profondes affectant l'industrie bancaire. Le premier de ces moments suit de près la publication du rapport Nora/Minc. Au début des années 1980, la première informatisation d'envergure des industries du tertiaire se développe. *Exit* les cartes perforées. Comme l'écrit le journal *Le Monde* le 19 décembre 1978, « le passage accéléré à l'informatique, avec l'installation de terminaux dans les agences et le traitement des opérations en "temps réel" par rapport aux ordinateurs centraux, va entraîner des milliers de suppressions d'emplois. Le processus est irréversible, la banque étant pratiquement la seule activité où l'ordinateur est devenu lui-même un outil de production. […] À l'horizon 1980, l'informatisation accélérée est une bombe sociale placée au flanc de la profession bancaire[7] ».

---

6. Olivier Klein, « Les atouts des banques de réseau face au risque d'ubérisation », conclusion du livre *Les banques face à leur avenir proche*, Eyrolles, juillet 2018.
7. « Une bombe sociale », *Le Monde*, 19 décembre 1978.

Notons tout de même que, alors, les effectifs des banques françaises étaient de 235 000 collaborateurs. En 2020, et quoique connaissant une réduction de leurs réseaux d'agences (3 500 agences de moins en dix ans) et une baisse de leurs effectifs (moins 25 000 salariés au cours de cette décennie), les banques françaises continuent d'employer 354 000 salariés et comptent 35 837 agences ! Fort loin, donc, d'une bérézina sociale, puisque ce sont 166 000 salariés de plus qu'en 1978. Si l'informatique a, de toute évidence, profondément bouleversé les métiers de la banque, remplaçant nombre de tâches courantes effectuées auparavant par l'homme, elle n'a pas asséché pour autant l'indispensable besoin en ressources humaines, désormais consacrées à de nouvelles missions grâce à des formations renouvelées.

Dans la première moitié des années 2000 également, on a prédit de lourdes déconvenues à l'industrie bancaire. En cause, la crainte déjà que la banque de réseau ne se fasse « désintermédier ». La grande distribution, donnée comme plus efficace, s'annonçait dans les domaines du paiement, des crédits à la consommation, comme du placement de l'épargne. Des consultants se pressaient pour expliquer comment transformer les agences en supermarchés bancaires, avec ici le *corner* assurance, là le *corner* crédit immobilier, là encore celui des produits de placement, etc. Comme si chaque client se réduisait à une somme de besoins étanches les uns à l'égard des autres, correspondant à autant de produits cloisonnés entre eux, sans voir que la cohérence des projets de vie ou d'entreprise de chacun nécessite des combinaisons de produits et de services bancaires, des constructions de solutions. Sans voir non plus que l'univers de la grande distribution est quasi exclusivement un univers du temps court, alors que celui de la banque repose sur un univers du temps long, celui de la préparation et du déroulement des projets, disposant pour cela de produits qui durent dans le temps : le crédit, l'épargne et l'assurance. Et que, là où la grande distribution ne nécessite plus de commerciaux pour tous les produits à marque, reproductibles à l'identique et dont l'expérience de consommation est immédiate, la banque, pour accompagner ses clients (particuliers, professionnels ou entreprises), se doit de maintenir des conseillers assurant une relation aussi durable que possible avec eux[8]. De façon intéressante, la seule intersection entre les banques et les grandes surfaces a été, en définitive, presque exclusivement ramenée au crédit court terme aux consommateurs, soit le lien établi précisément entre l'immédiateté de la consommation et le crédit. Notons enfin avec un peu d'amusement que la grande distribution a réintroduit des « conseillers » dans les rayons où la confiance et l'expertise doivent être partagées : la boucherie, la poissonnerie ou la fromagerie – lorsque les produits ne sont pas sous *blisters* et marqués. La désintermédiation présagée n'a donc pas eu lieu.

Puis vint le digital. La multiplication des possibilités de consultation et d'opérations en ligne rendrait définitivement inutile le large réseau d'agences réparties sur tout le territoire. Après la crise des processus de production des années 1980 et la crainte de la grande distribution en nouvel entrant, voilà les banques inquiétées sur la nature même des relations qu'elles entretiennent avec leurs clients. En cause cette fois-ci, la menace d'une féroce désintermédiation opérée par les néobanques ou banques en ligne *low cost*, par les *FinTech* et bientôt par les Gafam. C'est là, d'une certaine manière, un péril bien

8. Olivier Klein, « Quel *business model* pour la banque de détail ? », *Les Échos*, octobre 2004.

plus grand : car toute la stabilité d'un système monétaire et bancaire repose en dernière instance sur la confiance. Si celle-ci est altérée ou rendue abstraite faute de relation, le risque d'une dissolution, d'une sorte d'anomie liée à la désintermédiation totale n'est pas négligeable. Et ne doit donc en aucune façon être négligé.

On sonne donc à nouveau l'hallali depuis quelques années[9]. L'industrie bancaire française est confrontée, il est vrai, à un alignement des planètes peu favorable, même si elle n'est certes pas la seule à faire face à des défis de grande ampleur. À l'échelle mondiale, pour la seule année 2019, ce sont 100 000 postes qui ont été supprimés, dont 35 000 pour HSBC, banque universelle et ultramondialisée par excellence[10]. La Deutsche Bank ? Moins 18 000 emplois[11]. Et, depuis 2020, les annonces sont toujours plus cataclysmiques. En comparaison, les banques françaises ne s'en sortent pas si mal, avec des réductions de personnel bien inférieures. Mais des difficultés substantielles se posent à l'industrie bancaire, notamment européenne.

Deux facteurs se conjuguent pour la malmener. D'abord, des taux d'intérêt longs extraordinairement bas, et même négatifs, à partir du second semestre 2019, avec une courbe de taux écrasée vers zéro. Aussi la marge nette d'intérêt entre les prêts et les dépôts fond-elle comme neige au soleil. Les marges des institutions bancaires diminuent

---

9. « Banques, la fin d'un monde », dossier paru dans *L'Express*, 29 octobre 2020.

10. Gabriel Nedelec, « Banques : plus de 100 000 suppressions de postes en un an », *Les Échos*, 18 février 2020.

11. Jean-Michel Hauteville, « Allemagne : Deutsche Bank supprime 18 000 emplois, le plus grand plan social de son histoire », *Le Monde*, 7 juillet 2019.

fortement et durablement, et, avec elles, s'accroissent les difficultés à maintenir en l'état leurs masses salariales. Se greffe à cette difficulté tenant aux taux bas la révolution digitale déjà évoquée qui provoque un changement fondamental : le comportement des clients. Consécutif au deuxième âge de l'Internet : de nouveaux acteurs sont entrés dans le secteur bancaire, la barrière à l'entrée dans cette industrie ayant été fortement abaissée (même si le strict respect du Règlement général sur la protection des données – ou RGPD – réclame des moyens nécessitant compétences et infrastructures dédiées).

Il y a d'abord les banques en ligne. Se passant de toute agence physique, elles se proposent de fournir aux clients les services bancaires « de base », le compte de dépôt et les moyens de paiement usuels. Tout cela *low cost*, leurs frais généraux étant faibles. Si la croissance des banques en ligne est vigoureuse, elles ont leurs propres défis à affronter : pour l'heure, leur *business model* n'est pas éprouvé et leur rentabilité inexistante. Par ailleurs, leurs clients conservent souvent un compte dans une banque traditionnelle, notamment pour tout ce qui n'est pas simple transaction, c'est-à-dire pour leurs projets qui nécessitent conseil et construction de solutions. Au reste, les banques en ligne sont de plus en plus rattachées à des banques classiques.

Seconde catégorie, les *FinTech*, un mot formé sur la contraction de « finance » et de « technologie ». Numérique, design, expérience utilisateur, fonctionnalités, objets connectés, intelligence artificielle : ces entreprises « disruptives » – mot de la novlangue à la mode provoquant des sensations fortes – cherchent à intervenir sur des segments de la chaîne de production bancaire. En plus de fournir des services spécifiques bancaires ou d'assurances, elles peuvent proposer des moyens de paiement ou des modes de collecte de l'argent sur le mode du *crowdfunding*. En outre, Apple, Facebook, Google, Amazon, etc., réfléchissent à se lancer ou se lancent dans les services de paiement et peut-être les services bancaires. « Les banques peuvent-elles disparaître ? Elles semblent encore loin de ce scénario apocalyptique, mais elles sentent désormais dans leur cou le souffle des géants du numérique », écrivait ainsi Philippe Escande, le chroniqueur économique du *Monde* en novembre 2019[12]. Les services bancaires peuvent en effet constituer un relais de croissance pour les Gafam. Selon une étude de McKinsey, Google visait les 100 millions de possesseurs de son porte-monnaie électronique en 2020. Celui d'Apple devait, quant à lui, dépasser les 200 millions d'utilisateurs[13].

Revenir à l'essence même du métier : un impératif pour l'action

La messe est-elle dite ? L'industrie bancaire classique connaîtrait-elle bel et bien son chant du cygne ? Parions plutôt sur le phénix[14]. En rappelant que c'est souvent faute

---

12. Philippe Escande, « Les banques face au tsunami des Gafa », *Le Monde*, 14 novembre 2019.
13. *Apple Pay Availability Growing 20% Plus*, Loup Ventures, 5 novembre 2020 ; *Google Shelves Plans for Bank Accounts in Revamped Pay App*, Bloomberg, 1er octobre 2021.
14. Olivier Klein, « Stratégies de la banque de détail face à la révolution technologique », *Revue d'économie financière*, « Technologies et mutations de l'activité financière », numéro codirigé par Olivier Klein et Jean-Paul Pollin, professeur agrégé des universités, spécialiste d'économie monétaire et financière, janvier 2020.

de bien comprendre l'essence même de la banque que l'on en vient à l'enterrer un peu vite. La banque n'est pas seulement un fournisseur de services financiers. Elle est, peut-être beaucoup plus fondamentalement, un tiers de confiance. Pour peu qu'elle soit régulée, et sa régulation a été à juste titre considérablement renforcée depuis la crise de 2008 avec notamment les accords dits de Bâle 3. La banque permet à ses clients d'avoir confiance aussi bien dans la solidité des placements effectués en son sein, dans la possibilité d'être accompagnés durablement dans leurs besoins de financement, que dans l'usage des données qui lui sont confiées. Les Gafam, tout au contraire, se rémunèrent sur la colossale somme de données qu'ils collectent. Tandis que l'éthique des banques commerciales assure la confidentialité, les Gafam commercialisent les données, c'est-à-dire les « publicisent », aux deux sens du terme, dévoilement et monétisation à des fins commerciales. Gageons que les clients sauront voir de plus en plus clairement ce qu'ils perdent en ayant recours à de telles pratiques. Nul doute également que les banques sauront expliquer ce qui fait la valeur spécifique de leur métier.

Les néobanques, en fait, demeurent des banques incomplètes. Hémiplégiques, elles laissent en dehors de leur spectre l'activité de conseil qui pourtant fonde l'utilité singulière de la banque classique. La banque relationnelle, force des banques de réseau françaises, est celle du conseil, du temps long des projets de vie mais aussi celle qui accompagne les moments difficiles que chacun peut rencontrer tôt ou tard. Elle caractérise la relation la plus profonde des particuliers avec leur banque, bien au-delà de la gestion des moyens de paiement.

Mais l'utilité irréductible de la banque commerciale ne s'arrête pas là. Elle tient également au fait d'être une centrale de risques – de crédit, de taux d'intérêt et de liquidité – capable de gérer ces risques professionnellement et de façon supervisée. C'est là ce qui fait l'essence même de son utilité économique et sociale. Les marchés financiers fonctionnent en effet par construction pour un nombre restreint d'acteurs économiques, tant parce que les émetteurs doivent avoir une taille suffisamment grande pour pouvoir y être référencés et emprunter, que parce que les épargnants, très majoritairement, n'ont pas les compétences nécessaires ou le temps suffisant pour faire des choix appropriés de placement sur les marchés. La banque commerciale, en revanche, est spécialisée dans le traitement d'informations permettant de prendre sur elle-même le risque de crédit sur les entreprises, les professionnels comme les particuliers, sans le laisser aux épargnants, qui ne prennent de ce fait que le risque sur la banque elle-même. Elle supporte également sur son compte de résultat les risques de liquidité et de taux d'intérêt dus à la non-coïncidence des termes désirés par les emprunteurs (cherchant plutôt des crédits à moyen ou long terme) et par les prêteurs – épargnants (cherchant plutôt des placements liquides). En la matière, les marchés financiers sont sans secours, car ils laissent les risques non seulement de crédit mais aussi de taux d'intérêt et de liquidité aux emprunteurs et/ou aux prêteurs.

Et il en va strictement de même, malgré les modes un peu rapidement établies des plateformes de crédit dites de *crowdfunding*, qui font également reposer l'ensemble de ces risques sur leurs utilisateurs.

On distingue bien ainsi ce que l'industrie bancaire a à faire valoir : son rôle économique et social irréductible de mise en adéquation des besoins et des capacités de financement dans l'économie. L'industrie bancaire prend en effet les risques qui en découlent sur ses propres comptes de résultats, en lieu et place des agents économiques qui ne souhaitent pas ou ne peuvent pas prendre sur eux-mêmes ces risques de crédit, de taux d'intérêt ou encore de liquidité. En outre, l'industrie bancaire affiche avec succès non seulement sa faculté d'articulation harmonieuse de la digitalisation des usages avec la proximité d'un réseau bancaire, mais aussi son activité de conseil en tant que partenaire au long cours de ses clients. Elle joue dès lors son rôle de tiers de confiance[15].

La banque commerciale, c'est-à-dire l'essence même de la banque, au sens historique et fonctionnel, demeure pleinement pertinente. Irremplaçable. Parce qu'indispensable au financement de l'économie réelle, donc à son bon fonctionnement. Puissamment modernisée et intégrant tous les outils digitaux, dont l'utilité ne se pose même plus, elle continue à exercer le même métier que de tout temps, ou presque. Il reste au phénix à ne plus se brûler les ailes à échéances régulières. Loin de l'attraction morose de la sempiternelle chronique d'une mort annoncée, la banque doit renforcer ses relations avec ses clients autant en termes de proximité que de confiance, tout en affirmant sans cesse sa valeur ajoutée. Les banques gagnent leur pari si elles parviennent à conjuguer un capital humain irremplaçable et une digitalisation efficace et vertueuse.

C'est à ce prix, à ce prix seulement, que les banques pourront durer. En ne cédant pas aux sirènes du mouvement brownien, en n'oubliant pas ce qui fait leur essence même,

15. Olivier Klein, « À quoi servent les banques ? Retour aux fondamentaux », *Les Échos*, 12 janvier 2015.

donc leur utilité profonde. Sans pour autant se prévaloir de leur existence pluriséculaire pour rester immobiles. Mais en cultivant au contraire avec opiniâtreté le champ des investissements humains tout autant que digitaux, les banques pourront affronter à peu près n'importe quel événement, fût-il inédit et brutal. La banque n'échappe évidemment pas aux forces potentiellement favorables ou défavorables des mutations en cours. Tentons de distinguer les contours des changements profonds qui la traversent, changements accélérés, là aussi, par l'avènement de la pandémie.

2

LA RÉVOLUTION TECHNOLOGIQUE, LA BANQUE ET NOUS

SORTIR PAR LE HAUT : DÉVELOPPER LE DIGITAL ET VALORISER L’HUMAIN

S'il est un mot qui fait mouche, au risque de devenir la tarte à la crème lexicale des discours publics, c'est celui de « sidération ». S'agissant de la pandémie historique de la Covid-19, nul doute pourtant que le terme a été utilisé à bon escient. Les confinements mondiaux successifs depuis le printemps 2020 et la mise sous couvercle de la vie sociale qui en a résulté ont été le fruit de la sidération engendrée par le drame de la pandémie.

Avec le confinement, s'est arrêtée, ou tout du moins fortement ralentie, la marche du monde : transport aérien, tourisme de masse, flux des personnes... Tout s'est brutalement figé pour parer à l'urgence sanitaire et tenter de sauver le maximum de vies possible. La survie passait par une sorte d'hibernation ; la prophylaxie, par l'immobilité ; la sécurité, par la quarantaine. Beaucoup de commentateurs l'ont souligné à juste titre : dans un monde que l'on dit parfois exagérément soucieux des choses économiques, les gouvernements des pays développés ont quasi unanimement choisi de tarir les flux matériels pour contrecarrer celui du virus. Aujourd'hui, plus de deux ans après le début de la pandémie, il n'est plus temps d'opposer sommairement l'économique et la santé. Il a été rapidement évident aux yeux de tous que l'économie était avant tout chose humaine, que l'on pouvait mourir de bien d'autres choses que du virus et que l'arrêt pur et simple de la vie sociale, nécessaire un temps, pouvait être aussi mortifère.

En somme, nous avons collectivement appris que la sidération ne doit pas nous laisser médusés. La pandémie à laquelle l'humanité fait face avec, pour l'essentiel, des trésors de solidarité et des prouesses d'intelligence collective et scientifique, a certes sidéré mais a – aussi et peut-être davantage – précipité le mouvement de nos sociétés, accéléré et amplifié des mutations qui s'y faisaient jour antérieurement. De même que le vaccin – cette opération judoka utilisant les caractéristiques de l'adversaire pour le combattre – parviendra, espérons-le, à éliminer la pandémie, de même la sidération initiale doit-elle nous permettre d'accompagner, d'apprivoiser, de reconnaître le monde qui se reconfigure. Un monde qui n'est ni « d'après », ni « d'avant », mais en réorganisation, comme tout organisme vivant.

*

* *

La révolution technologique entraîne une révolution des modes de consommation

La banque, qui articule les besoins, par nature divers et discordants dans le temps, des hommes entre eux (faire se correspondre les besoins et les capacités de financement qui ont des temporalités et une appétence pour le risque différentes), a-t-elle aussi été touchée par la survenue de la pandémie ? Elle l'a été comme l'ont été des dizaines d'autres secteurs économiques, de l'aérien au commerce, du tourisme à l'automobile, de la restauration à l'art vivant, mais avec cette caractéristique supplémentaire que, constituant une infrastructure essentielle à l'ensemble du circuit économique et monétaire, elle en a été affectée et comme industrie et comme institution économique et sociale. Cela la singularise et cela l'oblige. On verra toutefois qu'elle n'a pas été prise au dépourvu sur de nombreux aspects tenant aux évolutions collectives entérinées par la crise. Beaucoup des moyens nécessaires à l'évolution des comportements, notamment de consommation, étaient technologiquement disponibles dès avant la crise, ce qui a permis de donner leur plein déploiement aux nouveaux usages.

Qu'a-t-on observé depuis mars 2020 quant aux comportements des individus dans leur relation à la monnaie, aux paiements, à la consommation, toutes choses faisant intervenir les banques commerciales ? D'abord, il est intéressant de remarquer que la monnaie « sonnante et trébuchante » est de moins en moins nécessaire. La dynamique est antérieure à la crise sanitaire, mais s'est amplifiée depuis, pour des raisons d'hygiène liées aux gestes barrières, mais aussi parce que le double mouvement du « sans contact » et des achats en ligne a rendu la monnaie fiduciaire moins indispensable aux transactions. Depuis le début de la pandémie, 39 % des Français sondés déclarent moins utiliser des espèces pour régler leurs achats du quotidien[16]. L'Observatoire de la sécurité des moyens de paiement a établi de son côté que le nombre de paiements sans contact a progressé de 120 % en valeur et de 59 % en volume entre juin 2019 et juin 2020[17].

Autre facteur contribuant à la raréfaction des règlements en espèces, le recours de plus en plus marqué au paiement sur mobile, grâce au smartphone. Un signal que les Français s'acheminent de plus en plus vers les transactions numériques.

C'est surtout à l'extension du domaine des achats en ligne qu'il nous est fondamentalement donné d'assister. Si, là encore, la monnaie physique se voit, par construction,

---

16. *Impact of the pandemic on cash trends*, Étude BCE, 2020.
17. *Rapport annuel 2019 de l'Observatoire de la sécurité des moyens de paiement – Banque de France*, septembre 2020.

battue par cette nouvelle dimension de la consommation, l'important est ailleurs : dans la reconfiguration des habitudes de consommation, des lieux de consommation et, même, de ce que signifie consommer. Selon une enquête de l'institut YouGov, 9 Français sur 10 ont commandé un produit sur Internet sur les douze derniers mois[18]. Les volumes ont explosé, notamment pour l'habillement, les produits culturels, les appareils high-tech et l'électroménager. Corollaire des achats en ligne, le recours croissant à la livraison à domicile.

Certes le *click & collect* et la livraison en point relais ont connu une vraie croissance, mais c'est la livraison à domicile qui emporte la mise. Dans ce contexte, que sont conduits à devenir les grands centres commerciaux ou les immenses zones de chalandise caractéristiques de la seconde moitié du XXe siècle ? Nul ne le sait vraiment. Mais, là encore, attention aux conclusions définitives. Ce qui se dessine sera peut-être moins l'effacement des lieux physiques d'échange et de commerce qu'une hybridation entre le physique et le digital, le retail et le Web. Le « phygital », identifié depuis quelques années déjà, paraît sortir renforcé et même consacré par la crise pandémique. Réserver en ligne pour aller chercher son produit en magasin, prendre des conseils et avis en magasin pour se procurer en ligne ce qui ne peut être stocké physiquement dans le point de vente ou ce qui est pénible à transporter : le spectre des possibilités est vaste. Ce mouvement, là encore, s'est considérablement amplifié, de sorte que, dans ce domaine comme dans beaucoup d'autres, ont eu lieu en une année des changements qui en temps normal auraient pris une décennie pour incuber.

---

18. Salome Marcade, « Le boom des achats en ligne et des services de livraison », YouGov, 25 février 2021.

L'extension du domaine des achats en ligne, c'est aussi l'élargissement de la nature des produits achetés. Hier, les biens de consommation courante seuls pouvaient s'acheter en ligne : on pense à l'alimentaire, à l'habillement, à la décoration intérieure ou aux achats loisirs. Depuis la crise pandémique, une nouvelle étape semble franchie. Le destin d'Amazon, d'abord librairie en ligne avant de devenir mastodonte de la distribution mondiale, a accompagné, sinon déclenché, cette diversification de la nature des produits échangés. Il y a peu encore, nous considérions avec scepticisme Elon Musk commercialisant en ligne ses Tesla. Désormais, la plupart des constructeurs automobiles réfléchissent à mixer leur réseau de concessionnaires et l'e-commerce avec ses *showrooms* digitaux et ses signatures numériques.

Les outils sont en place, les consommateurs prêts à s'en saisir. De multiples segments de consommation sont concernés. Les *doggy bags* des Anglais autrefois considérés avec goguenardise par des Français amoureux de gastronomie ne sont-ils pas d'aimables mais pâlichons pionniers à l'heure de la restauration commandée sur mobile et livrée à domicile ?

D'autant que l'on ne parle pas uniquement de *snacking*, mais aussi de plats gastronomiques. Dans le domaine culturel, comment ne pas évoquer Netflix, qui est comme la concrétisation du véritable *home cinema* ? Dans les affaires immobilières, on peut commencer par visiter sur WhatsApp, puis signer les baux sur YouSign…

Surtout, ces évolutions sont intéressantes en ce qu'elles dépassent les effets de mode, les « effets d'époque ». Elles signalent des usages et des habitudes amenés à perdurer en raison de leur praticité, de leur efficacité. Ces changements sont très probablement irréversibles.

Ainsi habitués à l'utilisation d'un smartphone, nous ne pourrons plus envisager de nous en passer, même si nous devions subir une baisse de nos revenus. Cela engendre de puissants phénomènes économiques et sociaux qui, eux-mêmes, définissent les contours de nouvelles régulations sociales : peu à peu, les économistes finissent, pour conserver l'exemple de la téléphonie mobile, par intégrer les frais qui y sont liés dans le registre des « dépenses contraintes », au même titre que le logement ou l'alimentation, pourtant essentiels à la stricte survie physiologique. Cet effet cliquet se repère dans maints domaines : la praticité de la livraison à domicile, la commodité du paiement sans contact, l'usage massif de la digitalisation pour économiser les déplacements quotidiens et désengorger les flux de circulation, la consommation des produits culturels depuis chez soi sont autant d'habitudes articulant l'hédoniste et le pratique, le sanitaire et l'écologique, qui demeureront dès lors que la pandémie aura pris fin. Il s'agit donc moins d'une soudaine rupture que d'un processus non linéaire, comme une accumulation de multiples évolutions finissant par transformer un changement de degré en un changement de nature. Nous y sommes[19].

Le révélateur du télétravail. La dématérialisation des rapports sociaux ?

Pourtant, le besoin humain de se retrouver ensemble survivra fort heureusement et sera d'ailleurs magnifié

---

19. Olivier Klein, « La complémentarité entre réseaux physiques et digitaux », échanges avec Alexandre Bompard, directeur général du groupe Fnac-Darty, sur la stratégie à mener face au défi du digital, lors de la convention du Groupe BRED, 11 janvier 2017.

comme une consécration de notre besoin profond de sociabilité « physique ». Il suffit de constater combien tous les salariés ont, en quelques mois de confinement, abandonné l'idée que le télétravail à presque plein temps était la panacée, loin s'en faut. Tant pour l'efficacité du travail à plusieurs, la possibilité d'innover, de lancer de nouveaux projets, de favoriser les synergies et les transversalités grâce aux échanges pas toujours programmés, à la reconnaissance du langage du corps et à la facilité tellement accrue de faire naître une discussion fluide autour d'une table, que pour le besoin premier de voir d'autres personnes, de socialiser, d'échanger sur des sujets divers, la présence physique des uns et des autres « au bureau » et les réunions dans une même salle resteront, au moins pour une bonne partie, fondamentalement indispensables et hautement souhaitables. La tendance trop poussée au télétravail engendrerait en outre inéluctablement la délocalisation du travail qualifié en France, pays au coût du travail et à la protection sociale très élevés, avec la catastrophe économique et sociale qui en résulterait à terme. Et la transformation de l'entreprise d'aujourd'hui et des salariés en une nébuleuse qui associerait en fonction des besoins des travailleurs indépendants payés à la tâche : progrès ou formidable retour en arrière ? Plus de projets partagés, plus de culture d'entreprise et d'esprit d'équipe au sein d'une entreprise qui rassemble durablement des hommes et des femmes. Les yeux des observateurs dits avertis semblent commencer seulement à dessiller devant l'émerveillement naïf des premières analyses des effets du télétravail[20].

20. Olivier Klein, « Fonder l'entreprise du XXIe siècle », intervention aux Rencontres économiques d'Aix, juillet 2014.

L'homme est et restera un animal social. Les nouvelles technologies apportant la possibilité dorénavant de tout faire, ou presque, à distance, ayant produit des objets de consommation individualisée, voire solitaire, conduisent à une praticité et un confort immédiat bien plus grands mais induisent aussi des comportements asociaux et une tendance à l'isolement. Cette possibilité d'évolution vers des êtres moins sociaux amène, on le voit bien pendant la pandémie, à des déviances comportementales, à des pathologies mentales et sociales naissantes qui se concrétisent par des souffrances psychologiques individuelles comme par des dangers croissants pour ce qui est du vivre-ensemble.

Le « tout digital », le « tout à distance », depuis un chez-soi que l'on ne quitterait guère plus, peut en effet ressembler, à s'y méprendre, à un enfermement tant physique que mental pouvant considérablement aggraver la santé de chacun ainsi qu'abîmer en profondeur notre capacité à faire société. Avec toutes les conséquences effrayantes qu'il est aisé d'envisager.

C'est l'une des raisons parmi d'autres, revenant au secteur bancaire, pour lesquelles nous pensons que les banques à distance, purement en ligne, ne seront pas des modèles dominants, même si elles parviennent, le cas échéant, à devenir, un jour, rentables. Venons-y.

La banque se réinvente digitale...

Le fait a commencé avant la crise pandémique avec la dématérialisation et la digitalisation que nous avons eu l'occasion de décrire ici. Le modèle de la banque de dépôt, où les clients se rendent à échéances rapprochées, n'existe plus, puisque les Français ne se rendent plus dans leur agence que rarement, voire jamais pour les opérations courantes. De sorte que la question apparaît crûment sur fond de suppression par dizaines de milliers d'emplois bancaires en Europe : la pandémie de la Covid-19 va-t-elle valider les prédictions les plus alarmistes de certains des observateurs du secteur bancaire, en consacrant la fin des réseaux bancaires et le triomphe des *pure players*, des néobanques ou autres avatars de la banque à distance ?

Ce serait une erreur de céder à cette joie mauvaise attachée aux séductions du catastrophisme car les réseaux bancaires avaient mis en place, avant la crise, tous les instruments qui ont permis de faire face aux restrictions de déplacements et d'activités liées à la lutte contre l'épidémie. La banque commerciale a accompagné les nouvelles pratiques de consommation et a pu le faire car elle a anticipé, depuis plusieurs années, la bascule vers ces nouveaux comportements. Dans la première moitié des années 2010, souvenons-nous, payer en ligne n'était pas chose courante. Les Français y étaient réticents, tout à la fois pour des raisons liées à la confidentialité des données et à la sauvegarde de leur vie privée et pour des raisons de sécurité. Tandis qu'elles auraient pu considérer ces réticences avec attentisme, comme autant de temps gagné pour ne rien changer, les banques ont, au contraire, travaillé pour concevoir et garantir des process de paiement plus sûrs et plus transparents. Quelques-unes des innovations proposées n'ont pas trouvé leur public à grande échelle, on songe par exemple au porte-monnaie électronique dont il est possible qu'il trouve ultimement son utilité dans la généralisation du paiement par mobile. Mais d'autres initiatives permettent à l'économie dématérialisée de trouver aujourd'hui son plein rendement. Pensons par exemple à la technologie « sans contact » NFC (pour *Near Field Communication*). Toutes les banques commerciales proposent aujourd'hui cette technologie insérée dans les cartes bancaires qui, via des ondes radio à courte distance, permet de régler des achats par simple rapprochement d'une carte de la borne d'un terminal de paiement sans contact physique. La crise sanitaire n'a pu que conforter une telle technologie : pour preuve, dès le 11 mai 2020, le plafond du paiement sans contact a été relevé de 30 à 50 euros. Pour ceux qui sont dotés de la technologie sur leur téléphone, les achats peuvent être réglés à hauteur de 300 euros par smartphone.

Du côté du commerçant, c'est le téléphone mobile ou la tablette qui peuvent désormais servir de terminal de paiement et/ou d'application de caisse. Des commodités que les réseaux bancaires ont organisées avec beaucoup d'anticipation et d'efficacité, en parfaite collaboration, notamment, avec la Commission nationale de l'informatique et des libertés (CNIL). Conséquence de cette technologie NFC « embarquée » dans les cartes bancaires, des applications très populaires, souvent très appréciées par les jeunes, ont vu le jour, comme Lydia ou Pumpkin, qui permettent de payer entre particuliers et vers les entreprises, avec une grande facilité d'usage. L'éventail des possibilités offertes aux consommateurs ne cesse de s'étoffer, avec le concours des banques. Et puis, bien sûr, les institutions bancaires « traditionnelles » se sont depuis longtemps mises en ordre de bataille pour offrir à leurs clients une complémentarité pleinement opérationnelle entre la sécurité et la confidentialité au long cours, qu'elles sont seules à même d'offrir, et les nouveaux géants du paiement numériques, comme PayPal ou encore Stripe, une société américaine destinée au paiement en ligne entre professionnels. La rapidité des transferts d'argent, leur transparence et leur facilité d'usage sont devenues incomparables, leur intégration avec les logiciels des entreprises et leurs sites Internet, via des API (*Application Programming Interface*) puissantes, étant remarquables.

… et se refonde sur l'humain : le nécessaire renouveau du conseil à valeur ajoutée, allié à la force de la proximité

Cette adaptation rapide et réussie des banques ne s'est pas limitée aux nouveaux usages dans le domaine des transactions. Elles ont également tiré avantage de la révolution digitale pour approfondir et toujours mieux réaliser ce qui constitue l'essence même de leur métier : l'accompagnement de leurs clients dans l'ensemble de leurs projets.

Il n'y a là aucun acte de foi ou expédient rassérénant pour éviter de voir la vérité en face. Il faut distinguer soigneusement, en effet, digitalisation des usages et nécessité de toujours proposer davantage de conseil à valeur ajoutée pour le client, particulier comme entreprise, et un appui durable à la clientèle. En fait, il s'agit de penser ces deux mouvements comme concomitants et complémentaires. On l'a vu, le magasin physique n'a pas disparu, le « phygital » hybridant les usages entre les vertus de la digitalisation et le besoin de conseil et de contact. De même, n'excommunions pas l'agence bancaire : que l'on s'y rende moins n'empêche en rien, bien au contraire, que l'on s'y rende mieux ou, même, que l'on s'y rende virtuellement, du moment que le contact se fait avec son conseiller attitré. Non pas – non plus – pour effectuer un retrait ou déposer un chèque, mais pour évoquer un projet de vie ou d'entreprise, petit ou grand.

La BRED, en la matière, forte de son réseau territorialement ancré, a ainsi réorganisé, bien avant le début de la pandémie, le mode de fonctionnement de sa banque de détail. Ce choix est stratégique. Fondamentalement, il travaille ce que la banque commerciale a de plus essentiel : assurer une activité de conseil poussée, à valeur ajoutée, et construite dans le temps avec sa clientèle sur un modèle de relation globale de proximité, ce qu'aucun des nouveaux entrants bancaires sur le marché n'est susceptible de pouvoir faire. Économiquement, ce choix, en étant producteur de valeur, permet à la banque de donner une plus grande satisfaction, proposer un meilleur équipement et assurer une fidélité plus solide de ses clients, tandis que la marge d'intermédiation – soit la différence entre le revenu généré par les crédits et le coût de la ressource – est déstabilisée par l'écrasement de la différence entre les taux longs et les taux courts, l'ensemble des taux convergeant vers zéro. Dans ce nouveau cadre, le conseil devient un élément déterminant, là où il était l'un des deux éléments, avec le transactionnel, de l'activité des agences bancaires.

Cela ne se décrète pas mais s'organise et se construit. Ainsi, le conseil ne peut plus être uniforme et se contenter de décliner les différents types de produits proposés par la banque. Il s'agit donc de l'adapter à chaque typologie de clients, et non pas de conformer le client aux produits bancaires. Dans le langage du marketing, on dirait qu'il s'agit de passer de l'approche produit à l'approche client. Une segmentation plus fine de chaque nature de clientèle a été mise en place et des conseillers plus spécialisés et mieux formés se sont positionnés en face de chaque segment de clientèle. De plus, offrir le bon conseil à chaque client est permis par la connaissance précise que nous pouvons avoir de leurs interrogations et de leurs besoins grâce à nos conseillers qui les connaissent, mais aussi grâce aux outils d'analyse des *data* passés au tamis de l'intelligence artificielle dont les collaborateurs s'emparent pour en assurer une gestion au plus fin. La digitalisation de toutes les tâches administratives doit permettre également aux salariés un accroissement du temps disponible réservé au conseil et une puissante montée en compétences et en intérêt de leur métier.

Ce travail d'adaptation, de reconversion et de réarmement, déjà nécessaire avant la crise pandémique mais considérablement accéléré pendant, est rendu possible par un travail récurrent et progressif sur les organisations des agences, du réseau lui-même comme des *back et middle offices* et des articulations entre eux. Les rendez-vous entre les clients et les conseillers sont ainsi démultipliés, en physique, au téléphone ou maintenant en visio, permettant en réalité d'accroître l'intensité et la qualité de la relation. De même, les outils peuvent permettre d'augmenter massivement l'audience managériale. Là où il était possible d'organiser une convention avec quelques centaines de cadres supérieurs, on peut s'adresser, en plus, à des milliers de collaborateurs. Cela permet de déverrouiller le caractère pyramidal de l'organisation en ouvrant beaucoup plus le jeu à de très nombreux profils qui, hier, n'avaient que peu d'occasions de participer à ce genre d'événements. Cela entraînera demain la coexistence de ces deux formes de participation, chacune apportant son lot d'avantages et d'inconvénients, ainsi, bien entendu, qu'un management lui aussi de plus en plus fondé sur la valeur ajoutée apportée aux collaborateurs.

*
* *

En somme, il n'a jamais été aussi compliqué de « faire de la banque », et de nombreuses stratégies consistant à abaisser les coûts se sont mises en place dans les pays développés. Mais attention : ces stratégies peuvent aussi conduire à une impasse, celle d'entrer dans une logique sans fin d'attrition. Or, des voies de sortie par le haut existent bel et bien. Bonne nouvelle, ces voies de sortie sont aussi ce qui constitue le meilleur et le plus spécifique de la banque : accompagner au plus près les clients dans des projets réclamant de la valeur ajoutée, du temps long, une reconnaissance globale de leurs besoins et une patiente construction de la relation de confiance.

Dans le secteur bancaire, comme dans d'autres, la mondialisation et la révolution technologique ont conduit et conduisent encore, dans les économies développées, les entreprises comme les nations à choisir entre deux voies possibles : l'ajustement par les coûts pour tenter de rester compétitifs ou la recherche de plus en plus de valeur ajoutée, par la forte intensification de l'investissement tant dans l'humain[21] – la formation – que dans la technologie – le digital. La compétitivité par la montée en gamme, l'innovation et la qualité sont ainsi poursuivies. Les banques, comme d'autres entreprises, pourront alors justifier le maintien de leur utilité économique et sociale par une adaptation humaine, intelligente et efficace aux

---

21. Olivier Klein, « Pourquoi investir dans le capital humain est-il aujourd'hui plus important qu'hier ? », *Harvard Business Review France*, octobre 2018.

évolutions du monde, tout en comprenant et préservant l'essence même de leur métier et de ce qui en fait leur caractère irréductiblement nécessaire.

À la BRED, c'est ce que j'ai nommé la « banque sans distance », par opposition certes à la « banque à distance », mais surtout pour tenter de réinventer la banque de proximité.

Que recouvre ce concept ? Tout naturellement ce qu'exigent les clients de la révolution technologique : plus de praticité, sans jamais couper court avec une solide relation personnalisée. Conserver un lien fort avec son conseiller bancaire par le canal de son choix – téléphone, visio, e-mail ou rendez-vous physique – en fonction du sujet à traiter, du moment de la journée, etc. Mais cela recouvre aussi une meilleure réponse à un besoin de conseil encore plus avisé, plus pertinent, plus approprié. Finis les produits que les banques cherchaient à vendre par le biais de campagnes successives et indifférenciées.

Pourvu qu'elle soit plus agile, plus interconnectée et plus proactive, la banque de réseau a tout en main pour préserver sa relation fondamentale avec ses clients en croisant sa force – la proximité – avec les nouveaux outils – Internet, tablette, smartphone. En combinant le meilleur de la banque traditionnelle et le meilleur de la banque en ligne.

Un tel modèle de « banque sans distance » engendre automatiquement des coûts salariaux plus élevés que ceux d'une banque à distance de type *low cost*. Cela conduit la banque à concentrer ses ressources – à commencer par ses collaborateurs – sur l'apport d'une valeur ajoutée pour justifier la rémunération du service proposé. Et, partant, à miser sur le capital humain, seul véritable facteur de différenciation entre les banques. La compétence, la réactivité et la proactivité sont clés. Tout comme l'utilisation intelligente et non intrusive d'un CRM[22] pertinent pour anticiper au mieux les besoins de chaque client. Enfin, aussi, et surtout, la banque se doit de profiler les réseaux pour les rendre plus agiles, en répartissant mieux les expertises et en articulant de façon optimisée le physique et le numérique.

Mais ne nous voilons pas la face, cette nouvelle orientation implique plusieurs autres chantiers que nous avons commencés il y a de nombreuses années déjà. En vrac : réétudier les outils pour mieux aider les commerciaux, revisiter les process en utilisant le numérique pour revoir les parcours clients des *fronts* jusqu'aux *back-offices*. Il s'agit par exemple de faciliter la vie des clients et des collaborateurs de la banque tout en maîtrisant les coûts. Une véritable réforme organisationnelle a été mise en place.

C'est ainsi que la BRED, sur sa seule banque de détail en France, a surperformé le marché en voyant son PNB (produit net bancaire) – soit ses revenus – croître, en cumulé, de plus de 50 %, et ce de façon très régulière, entre 2012 et 2021 inclus, malgré l'effet défavorable des taux d'intérêt pour les banques. De la même manière, le coefficient d'exploitation de sa banque de détail – qui mesure l'efficacité d'une banque en rapportant ses charges au PNB dégagé – est passé de 72 % à 58 %.

Mais cette nouvelle perspective bancaire, pour féconde, pertinente et enthousiaste qu'elle soit, doit plus largement penser les mutations liées au travail, à la façon dont les individus entendent désormais conduire leur vie et même, n'ayons pas peur des grands mots, à l'apparition d'une nouvelle économie éthique interrogeant le statut

22. *Customer Relationship Management.*

et la fonction de l'entreprise, son inscription dans le système capitaliste et dans son éventuelle refondation, la vision qu'elle se fait de sa participation au bien collectif et son adéquation aux aspirations humaines. Il est donc, là, question de morale. Non pas de cette morale surplombante, sentencieuse, monolithique, voire totalitaire, mais de ces morales, souvent provisoires, qui servent à faire des choix, à guider nos pas vers une amélioration au bénéfice du plus grand nombre, avec réflexion et humilité.

3

PAR-DELÀ L'« AVANT » ET L'« APRÈS » : ANTICIPER, POUR UNE GESTION SEREINE DE LA TRANSFORMATION

MORALES PROVISOIRES POUR UNE ENTREPRISE PARTENARIALE

Dès le début déclaré de la pandémie, chacun, à sa place, a pu mesurer, au fil des mois, des bonds et rebonds de l'épidémie, combien il était facile de se tromper, ce qui est humain. Chacun a pu constater comment les professionnels de la prospective, en médecine comme en économie, ont toutes les chances de se voir rappeler cruellement demain leurs prédictions d'hier.

Il a été très difficile d'échapper à cette tentation de la phrase définitive, alors que, on le sait depuis Flaubert, « la bêtise consiste à vouloir conclure ». C'est que l'épreuve pandémique, en conjuguant deux traits en apparence contradictoires, nous a invités à toutes les audaces : elle est à la fois de tout temps – les nombreuses et dramatiques épidémies au cours de l'Histoire en témoignent – et tout à fait nouvelle. Parce qu'elle est l'une, on croit pouvoir la cerner ; parce qu'elle est l'autre, on se croit autorisé à spéculer sans cesse sur ce qui en sortira. Mais pourquoi cette pandémie est-elle nouvelle ? Ce n'est pas en raison de sa propagation à travers le monde, ce qui après tout est la nature même d'une pandémie, mais plutôt de la « mondialisation des affects » qu'elle a mis en exergue, de la « synchronisation de l'émotion » qu'elle a enclenchée simultanément sur tous les fuseaux horaires[23]. Grâce aux réseaux sociaux et à l'information en continu, nous vivons l'événement tous ensemble aux quatre coins de la planète, conscients que nul ne sera définitivement protégé du virus sans que la Terre entière le soit, dans un mélange d'effroi et de fascination.

---

23. « Nous vivons une synchronisation de l'émotion, une mondialisation des affects. Au même moment, n'importe où sur la planète, chacun peut ressentir la même terreur, la même inquiétude pour l'avenir ou éprouver la même panique » (Paul Virilio, dans son livre *L'Administration de la peur*, Textuel, 2010).

Si cette épidémie de Covid-19 est tellement neuve à nos yeux, c'est également que les moyens mis en œuvre pour la combattre, la contourner ou l'atténuer consacrent les technologies digitales qui, quoique déjà ultradominantes avant elle, se trouvent encore renforcées. De la distribution à la banque, des loisirs à la restauration, du télétravail aux rapports humains intrafamiliaux, ce sont les outils issus du digital qui ont permis de poursuivre une vie qui, loin d'être normale, n'a, du moins, pas été totalement amputée de ses fondamentaux sociaux, économiques, affectifs.

Demeurons modestes, donc, mais ne soyons pas pusillanimes pour autant ; essayons de dire simplement, avec un peu de recul, ce que nous pouvons comprendre de ce phénomène et de l'impact du digital sur l'économie et les entreprises, leurs clients, leurs fournisseurs et leurs salariés, et sur la façon de diriger, en ces temps de mutation.

La cinétique « producteur-distributeur-client » à rejouer avec les bons atouts

Depuis une quinzaine d'années, donc, la révolution technologique, constituée par le Web 2.0 et la diffusion massive du smartphone (l'iPhone date de janvier 2007), a eu, entre autres choses, pour conséquence une révolution commerciale qui a bouleversé les rapports entre les producteurs, les distributeurs et les clients. Plus libres d'agir, de s'informer, de comparer les offres, les clients ont pris le pouvoir dans la relation commerciale. Ils sont devenus des « consom'acteurs ».

Les deux autres acteurs de ce triangle – producteurs et distributeurs – ont, eux aussi, comme inversé leurs positions réciproques : tandis qu'hier le producteur pouvait choisir ses distributeurs, ce sont aujourd'hui les distributeurs qui peuvent tenir la dragée haute. Si le client a le pouvoir, le distributeur peut désormais en connaître les souhaits, les aspirations et presque devancer ses nouveaux besoins. De là, le rôle accru du service et de la connaissance du client pour les entreprises, tout entières tournées vers une logique *consumer centric.*

À ce point, deux scénarios sont envisageables. Si le distributeur n'est pas capable de tenir sa promesse auprès du client, de le comprendre et de le fidéliser, *a fortiori* dans un monde où le producteur peut de son côté, de plus en plus et à nouveau grâce au digital, vendre directement à la clientèle sans son intermédiaire, alors nous filons tout droit vers la numérisation totale de la relation client-producteur. Et, à plus ou moins brève échéance, à la désintermédiation et la disparition, du moins partielle, du rôle économique du distributeur.

Ce scénario peut s'accompagner du développement débridé de plateformes de comparaison des produits offerts. Des plateformes de comparaison des prêts, par exemple, tentent de réduire les banques à de simples producteurs mis systématiquement en compétition, sans considération aucune de la qualité du service et de la relation qui se noue entre elles et leurs clients.

Mais il existe un second scénario, que je m'emploie pour ma part, à la BRED, à construire chaque jour depuis des années. Il s'agit d'utiliser la révolution technologique au profit du distributeur. Comment faire ? En constatant que, si le client a été remis au centre du jeu à la faveur de la révolution numérique – ce qui est fondamentalement une très bonne chose –, c'est au distributeur de produire une relation commerciale la plus complète, la plus dense, la plus porteuse de compétences possible. Le conseil et le service deviennent sinon plus importants, du moins aussi décisifs que les produits eux-mêmes. Le service à valeur ajoutée consiste à proposer la bonne combinaison de produits en fonction de ce client-ci, qui n'est pas celui-là. Ce service à valeur ajoutée consiste même à satisfaire au mieux l'intérêt du client, quitte à rechercher pour lui sur le marché la solution articulant les produits au meilleur rapport qualité-prix.

Résumons : la révolution technologique a renforcé le pouvoir du client devenu consom'acteur. Mais – c'est ma thèse et mon action –, au lieu de désintermédier cette relation de confiance client-distributeur au profit de plateformes comparatives ou d'une relation directe entre le client final et le producteur, le digital permet tout autant, si l'on s'y prend bien, de renforcer considérablement le rôle du distributeur. Un distributeur qui, loin de n'assurer comme par le passé que la mise à disposition de la qualité désirée de produit au moment voulu, doit aujourd'hui concentrer le maximum de données concernant chaque client afin de le connaître au mieux et de l'aider à répondre à ses besoins avec plus d'intelligence et de soin que jamais.

Dans la besace de la révolution digitale, les *data*, leur analyse et leur utilisation sont la véritable richesse du distributeur. Un exemple : le producteur de produits de beauté ne connaît jamais que ce qui lui est acheté et non la globalité du besoin de son client. Et s'il est à même de vendre directement à son client – chaque grande marque développe de plus en plus cette possibilité –, il ne peut comprendre la façon dont les besoins s'enchevêtrent ou s'excluent les uns les autres et proposer les meilleurs produits disponibles sur le marché, combinés entre eux, afin de proposer la meilleure solution au client final. Le producteur est ainsi contraint de compartimenter et sectionner les besoins de chaque client dans un domaine donné, pour les réduire à sa seule production, à l'image des *data* obligatoirement tronquées dont il dispose. Il en va du secteur de la beauté comme ceux de la banque, de l'alimentation, de l'habillement, du tourisme ou même de l'automobile.

Si le distributeur s'en donne les moyens, dans un champ déterminé de besoins, il devient capable d'accumuler de la connaissance, de la traiter avec intelligence, artificielle comme humaine, afin de mieux comprendre chaque client, en estimant ses habitudes et en les comparant avec des ensembles de clients ayant des caractéristiques communes. Et répondre au mieux, ici encore, à ses besoins.

Quels sont ces moyens à mettre en œuvre par le distributeur pour se rendre incontournable aux yeux du consommateur ? Autrement dit, comment lui donner le pouvoir sur le producteur, inversant, comme nous l'avons vu, la hiérarchie du rapport de force née avec la production et la consommation de masse ?

L'investissement dans le digital comme dans le traitement des données collectées, certes. D'où le développement des *data scientists*, ainsi qu'ils sont appelés aujourd'hui en lieu et place des « statisticiens » d'hier, et de l'intelligence artificielle, nouvel avatar de l'ancienne « analyse des données ». Mais il est aussi pour le distributeur la nécessité impérieuse d'apporter à chaque client et une valeur ajoutée apportée par un conseiller auquel on donne le temps de prendre en charge le client, et un service de plus en plus proche et adapté, qu'il soit pré- ou après-vente. Ainsi la formation, c'est-à-dire l'investissement dans l'humain, est-elle de plus en plus indispensable pour apporter ce savoir-faire essentiel, qui ne se délocalise ni ne se robotise, et qui permet de se différencier de façon décisive. À nouveau, cette intelligence « amont » des besoins des clients issue de l'analyse humaine et des *data* est ce qui donne plus de pouvoir que jamais au distributeur sur le producteur. Ce sont alors ces derniers qui sollicitent des distributeurs bien équipés et dimensionnés pour vendre leurs produits.

Pour affermir sa position, le distributeur doit prendre soin d'assurer la prise en charge de la globalité des besoins du client dans le domaine concerné, et non se spécialiser quant à un seul élément de la gamme ou une seule marque. C'est ainsi qu'il pourra collecter le maximum d'informations utiles et renforcer la fidélité de ses clients. En matière bancaire, il s'agit d'écouter, de suivre et d'anticiper l'ensemble des projets individuels ou d'entreprise de chaque client, pour mieux le conseiller et le fidéliser en prenant en compte la totalité des paramètres économiques et financiers de son existence. Loin de toute spécialisation par nature de produits, c'est une spécialisation par type de clients qui s'impose alors, chaque conseiller – bien formé – connaissant le type de besoins et l'offre disponible pour le segment de clientèle dont il a la charge.

La valeur des *data* et la démythification de l'intelligence artificielle

Le digital, dont la crise pandémique a acté la souveraineté, ne signe donc pas la mort des distributeurs, mais, au contraire, s'ils savent se réinventer tout en persévérant dans leur essence, il leur permet de renforcer leur position. La nouvelle chaîne hiérarchique, après que le digital a inversé l'ancienne, part bien dorénavant du client, devenu vraiment roi, en passant par le distributeur, que je qualifierais d'« intelligent et proche », à ses côtés, pour aboutir au producteur enfin. Comment ne pas souligner que le client ne sera authentiquement au sommet de la pyramide qu'à la condition expresse que ses propres données restent sa propriété et qu'elles ne soient pas contrôlées et utilisées à son insu par des sociétés au développement sans limite, pouvant devenir à brève échéance plus solvables et plus puissantes que maints États ?

Le digital, aussi sophistiqué soit-il, ne doit pas cantonner l'humain à jouer les utilités. Le « vrai » digital, bien pensé et bien exercé, fait lien avec les compétences des salariés, augmente leur pertinence d'action. Le digital, si l'on veut bien s'en souvenir, c'est « le doigt », tout se passant comme si la technologie numérique devenait cette extension symbolique de la préhension humaine. Cette association du digital et de l'humain est d'autant plus cruciale que les sujets traités au sein d'une agence bancaire sont sensibles pour les personnes, touchant à leur intimité comme à leur sécurité. L'argent, bien entendu, est le premier de ceux-là. Le *robo-advisor* n'est donc pas près de l'emporter sur le conseil humain.

Ce n'est pas affaire de pétition de principe humaniste. Cela repose avant tout sur une analyse expérimentale autant que conceptuelle de l'« intelligence ». Je ne pense pas en effet que la version « artificielle » de l'intelligence remplacera demain le conseiller. Pourquoi ? Car les décisions que l'on est amené à prendre, pour être pertinentes, ne reposent jamais exclusivement sur des analyses purement calculatoires ou le résultat d'algorithmes. L'intelligence « procédurale » n'est pas le dernier mot de l'intelligence qui, on le sait, est très difficile – voire impossible – à définir de manière univoque. Les sciences cognitives, qui ont bien avancé sur ce sujet, le mettent en évidence. Déjà la philosophie l'énonçait depuis longtemps. L'intelligence procède de deux choses à la fois, intimement liées. La première est la capacité à conceptualiser. Être intelligent, c'est bien conceptualiser un problème pour bien l'analyser. Mais pour que l'intelligence permette de prendre de bonnes décisions, il faut que cette capacité de conceptualisation soit mêlée à l'intelligence intuitive, au sens kantien du terme. On parlerait plutôt d'« intelligence émotionnelle » aujourd'hui, celle qui permet de ressentir avec sagacité la façon dont les gens réagissent et, ainsi, anticiper leurs possibles réactions aux décisions à prendre et aux actions à engager. Dépourvu d'intelligence intuitive, on peut conduire des analyses tout à fait claires, aboutissant à un tableau pertinent des plus et des moins, mais se trouver désarmé au moment de déterminer ce qu'il convient de faire. Car, pour décider juste, il faut pouvoir anticiper les conséquences de sa décision. L'intelligence comprend donc bien la capacité de conceptualisation et d'anticipation, d'analyse et d'intuition.

L'intelligence artificielle n'a, en réalité, ni capacité de conceptualisation ni émotion. Probablement le mot « intelligence » est-il, de ce fait, impropre. L'« intelligence » artificielle est une série d'algorithmes, une série de régressions logiques, que l'on met en œuvre pour trouver des corrélations entre des données nombreuses et disparates. Elle est ainsi d'un apport précieux et unique, car le cerveau humain n'est pas fait pour le traitement de telles quantités de données. On le comprend bien : si l'intelligence artificielle aide l'humain à mieux décider, en lui permettant de découvrir des corrélations pouvant être pertinentes et utiles, elle ne se substitue en rien à l'acte de décider compris dans son ensemble, intégrant des données issues de l'effort de la conceptualisation, mais aussi de la sensibilité et de l'anticipation.

Voilà pourquoi je ne pense pas que l'intelligence artificielle remplacera le conseiller. Le conseiller seul peut pourvoir à l'intégralité de ces éléments : sa capacité de conceptualisation, augmentée par l'IA, son intelligence émotionnelle et sa proximité avec le client. Enfin, le client, de par sa relation de proximité avec le conseiller, ressent quelque chose qui est de l'ordre de l'indéfinissable, et qui s'appelle la confiance. Cette confiance-là est non substituable. Non délocalisable. Non « ubérisable ». La relation client-conseiller, ainsi refondée, ne sera très probablement pas altérée en profondeur par l'avènement de l'intelligence artificielle. Elle sera augmentée.

Pour autant, pour que l'essence même de ce qui fonde l'utilité d'une banque persiste dans cet environnement très changeant, il faut aussi se servir du digital pour refondre sérieusement l'organisation des agences et le mode de relation entre les deux partenaires. C'est le sens de ce que nous avons mis en place dans les agences de la BRED, devenues « 100 % conseil ». Elles sont ainsi réservées exclusivement à l'interaction humaine à haute valeur ajoutée, tandis que les opérations courantes sont uniquement réalisées sur smartphone ou sur les automates.

La désintermédiation totale apparaît donc non seulement comme une illusion, mais encore comme la Némésis du digital, la vengeance qu'il abat sur nous quand nous succombons trop à ses charmes. Tandis que, aiguillonnés par lui et grâce à lui, nous nous devons de réinvestir dans le capital humain que constituent nos collaborateurs. Pour mieux satisfaire encore l'exigence toujours plus forte de service et de proximité relationnelle des clients et donner à nos collaborateurs encore plus de sens et d'intérêt au travail.

La révolution technologique est aussi une révolution managériale où la notion d'entreprise conserve tout son sens

La relation client n'a pas été la seule à se trouver transformée par la révolution technologique.

Le management l'a été tout autant. Là encore, sachons raison garder face aux possibilités de la digitalisation. Rappelons-nous : nous avons évoqué les limites de ce qui était vécu encore avant la pandémie comme éminemment souhaitable et infiniment extensible, peut-être même révolutionnaire : le télétravail. La crise a montré les limites organisationnelles, certes, mais surtout économiques, sociales et humaines d'un tel rapport au travail. Si les outils technologiques sont extraordinairement efficaces pour la continuité d'exploitation, et même pour une articulation améliorée de la vie professionnelle et de la vie privée et une gestion plus intelligente des transports et du temps, ils restent relativement inopérants pour satisfaire une part décisive de ce qu'est le travail : un processus de socialisation indispensable et précieux, dans le cadre d'un collectif d'hommes et de femmes que rassemblent, fédèrent et unissent la réalisation d'une activité et la fourniture d'un service à la société ou au secteur économique dans lequel l'entreprise intervient.

Dès avant la crise, la tentation d'un travail – et d'une entreprise – entièrement digitalisés se faisait jour. La volonté et la possibilité de modes de travail moins verticaux, moins soumis à la tutelle surplombante du manager « à l'ancienne », moins paralysés par des silos organisationnels bien trop lourds, étaient présentes. Avec l'Internet et l'Intranet, l'information est devenue plus libre, moins dépendante des structures hiérarchiques de l'entreprise. Le management devait donc au moins pour partie se réinventer. Mais ce plaidoyer, légitime, en faveur d'une horizontalité favorisant le « mode projet » a, pour certains, dérivé vers la défense d'un modèle beaucoup plus gazeux. L'entreprise, grâce au digital, y devenait une sorte de rassemblement communautaire indistinct, un modèle relationnel ouvert à toute une foule de contributeurs, en interne, comme en externe : coworking, webinaires, bureaux totalement désaffiliés sur lesquels on ne vient plus se *plugger* qu'épisodiquement. L'ensemble des grands fondamentaux du monde du travail se voyaient ainsi « éparpillés façon puzzle ». Conséquence : le modèle dominant, en concluaient ces pronostiqueurs, ne pouvait plus être le salariat. L'entreprise telle qu'on la connaissait céderait bientôt la place à une nébuleuse associant temporairement des individus libres de liens de subordination, au gré des projets à conduire. En bref, l'ubérisation allait encore frapper, cette fois-ci sur l'organisation même du travail. Avancée progressiste ou fantastique recul ? Car ces modèles, très désintermédiés, ne peuvent épuiser à eux seuls l'ensemble de la réalité du travail, pas plus que nourrir l'appétence des individus pour le collectif, comme je l'écrivais déjà il y a plusieurs années[24]. La crise pandémique l'a fait éclater au grand jour. Ainsi le développement de l'entreprise virtuelle se heurte-t-il

24. Olivier Klein, « Révolution digitale, mutation managériale », *Les Échos*, 28 juillet 2016.

au besoin d'une socialisation vitale et réelle que seul le travail en commun permet. Le travail comme réunion d'individus se réalisant à travers une activité utile pour l'épanouissement de soi et le bénéfice commun. Occuper une place spécifique pour réaliser un projet collectif : voilà un besoin humain à quoi les formes de travail purement désincarnées et individualisées répondent mal ou bien trop peu.

En outre, il existe une seconde erreur des apôtres de la digitalisation intégrale du travail. C'est que cette ubérisation de l'organisation du travail ne peut prospérer que si le sujet s'y prête. En ce sens, le digital est un outil, et doit d'ailleurs le rester. Il ne peut tout permettre. Or beaucoup d'activités nécessitent un fort capital, une structure organisationnelle forte, des infrastructures matérielles et techniques, un encadrement, une division et une articulation des tâches qui sont incompatibles avec les seules associations provisoires mues par des « projets », fussent-ils dûment articulés par les technologies numériques. Au demeurant, pour revenir à la banque, la proximité avec le territoire, le suivi relationnel avec les acteurs locaux, les efforts que nécessite la patiente construction d'un tissu socio-économique solide, ne s'accordent que mal avec les attelages circonstanciels d'individus détachés de cette empreinte au temps long. C'est d'autant plus vrai pour les banques mutualistes et coopératives, où la proximité avec le territoire est prégnante et où l'on collecte l'argent au même endroit que l'on fait crédit, en étant attentif à l'harmonie de l'économie régionale[25].

---

25. Olivier Klein, « La planète finance ou la finance de l'économie réelle », colloque organisé par l'Institut des hautes études de l'aménagement des territoires, février 2019.

Ce qui vaut pour la philosophie de l'activité – bancaire ici – vaut aussi pour les salariés eux-mêmes. Leur besoin d'autonomie est lié au développement du digital, mais aussi à une quête de sens croissante et à l'arrivée d'une nouvelle génération pour qui le travail doit toujours être plus désiré et motivant. Ce besoin est incontestable et souhaitable. Il n'en reste pas moins que peu confondent cette aspiration avec le souhait consistant à être désaffilié de tout et de tous, bien au contraire. Ce que, là encore, la crise pandémique a puissamment révélé. D'autant que, dans une économie développée, qui n'est plus une économie de rattrapage, comme dans l'après-guerre, mais une économie de l'innovation[26], on sait le rôle absolument fondamental de la formation tout au long de la vie professionnelle. Or, il est douteux que les formes virtuelles d'organisation permettent d'assurer une telle formation solidement et durablement. En revanche, l'entreprise le peut, car elle en a les ressources organisationnelles et financières, et elle peut orienter cette formation continue en fonction des besoins détectés de nouvelles compétences, qu'elle seule peut identifier par avance comme nécessaires.

Ordre et désordre : une entreprise en déséquilibre avant

Ainsi pressent-on (sans conclure !) que, post-Covid-19, une partie de l'avenir du monde du travail, et singulièrement de l'entreprise, va se jouer dans l'articulation entre

26. Ce que Philippe Aghion nomme « l'innovation à la frontière », soit la seule façon durable et créatrice de valeur ajoutée de produire de la croissance à long terme. Voir son ouvrage corédigé avec Céline Antonin et Simon Bunel, *Le Pouvoir de la destruction créatrice*, Odile Jacob, 2020.

deux principes d'organisation. Tout d'abord, celui d'un ordre partagé et établi qui assure le bon fonctionnement de chaque partie de l'entreprise comme l'articulation efficace entre elles, grâce à des routines de gestion bien connues et respectées de tous. Ce principe permet de faire face rapidement aux petits chocs ou perturbations en préservant la continuité de l'activité de l'entreprise.

Et, simultanément, un principe d'autonomie de ses différentes équipes et salariés eux-mêmes. Avec le développement de leur responsabilité et de leur capacité entrepreneuriale pour assurer à l'ensemble la souplesse et l'adaptation nécessaires lors de plus fortes perturbations. Il s'agit du principe d'auto-organisation de l'organisme vivant, qui précisément se réorganise régulièrement par le jeu de (et entre) ses différentes parties, face à des chocs de forte ampleur. Répondant, dans le cas de l'entreprise, à l'envie entrepreneuriale et de réalisation de soi des collaborateurs eux-mêmes.

Chacun de ces deux principes, considérés indépendamment, conduirait l'entreprise à un écueil. Soit à une rigidité fragile, à l'image du cristal, incapable de s'auto-organiser pour assurer la mutation indispensable à sa survie en cas de perturbations importantes, soit à une nature auto-dissipative comme de la fumée[27], dénuée d'éléments d'ordre et de sens partagés. Une possibilité conduisant alors l'entreprise à se désagréger en cas de vent fort.

Se dessinent ainsi de nouvelles perspectives, ou plutôt mille petites inflexions, de la fonction confiée aux managers. Leur rôle est bien davantage aujourd'hui d'éclairer,

27. Voir Henri Atlan, *Entre le cristal et la fumée. Essai sur l'organisation du vivant*, Seuil, 1979.

de faire partager la stratégie de l'entreprise en la livrant à la discussion, d'orienter et de piloter les actions de leurs équipes, de les entraîner en leur donnant envie, de contribuer à les former et à découvrir les bonnes solutions aux problèmes qu'elles rencontrent. Loin donc de l'image du petit chef assis sur sa position hiérarchique. Mais les managers sont également essentiels à la conduite des changements en profondeur imposée par les mouvements puissants qui rythment régulièrement l'histoire économique longue, lorsque la société et l'économie se réorganisent en fonction des révolutions technologiques, démographiques et géostratégiques.

L'écueil de la rupture, la force de l'anticipation et de la transformation sereine

Arrêtons-nous un instant sur ces mouvements liés aux grandes mutations. Il faut se garder des grands coups de volant organisationnels et de l'abus du mot « rupture », et encore davantage de celui de « disruption », néologisme appliqué bientôt à toutes les situations mal maîtrisées.

Lorsque les modes de régulation de l'économie se modifient profondément, ces évolutions ne procèdent que très peu, pour ne pas dire jamais, par saut brutal. Il s'agit, au contraire, de mouvements lents, bien que puissants, qui engendrent des mutations des modes de travail, des normes salariales comme de consommation, des technologies utilisées, etc. Ces mutations s'opèrent par tâtonnements, ajustements successifs, jusqu'à ce qu'un nouveau mode de régulation s'impose et se stabilise, dans un nouveau cycle long autorisant une phase durable de croissance régulière fondée sur de nouveaux secteurs moteurs et des organisations sociales, au sens large, remodelées.

La direction d'une entreprise et l'ensemble des managers doivent en prendre conscience le plus en amont possible pour tenter d'anticiper au mieux les évolutions à venir, en les partageant auprès de l'ensemble des collaborateurs. Face à la forte incertitude à laquelle tout le monde est confronté dans de tels moments, les mutations à conduire doivent l'être avec le plus de clairvoyance possible, mais aussi avec le plus grand pragmatisme et la plus grande modestie.

Il faut expérimenter, avancer graduellement, vérifier si la direction est la bonne et s'assurer que l'environnement – clients, concurrents, salariés eux-mêmes – réagit comme attendu aux changements provoqués. En rétroagissant sur les décisions d'évolution prises. Et cela sans jamais oublier l'objectif poursuivi et la réflexion stratégique fondamentale qui ont présidé au choix de ces mutations. Vaste entreprise comme on le voit. Elle nécessite une vue à large spectre, une compréhension en profondeur et le sens du temps long, pour conduire le changement de façon pertinente, sereine et efficace. Loin donc des ruptures, par nature brutales, dans la conduite des entreprises, qui ne sont bien souvent que la résultante d'un manque d'anticipation préalable, et d'une insuffisante analyse stratégique.

N'en tirons évidemment pas la conclusion que tout changement, même bien anticipé, soit invariablement et totalement serein. Il y a toujours, dans une entreprise, ceux qui adhèrent, par une meilleure compréhension globale des enjeux ou parce qu'ils y voient un intérêt pour eux-mêmes, et ceux qui résistent, pour des raisons inverses.

Mais là aussi, la vertu du management, quel qu'en soit le niveau hiérarchique, est, au-delà de l'intelligence analytique, la mobilisation de l'intelligence intuitive capable d'anticiper les points de blocage et de trouver les meilleures façons de dépasser ces freins.

Petit plaidoyer pour un capitalisme partenarial

Si l'on tente maintenant de se tourner vers l'évolution nécessaire de la gouvernance de l'entreprise dans le capitalisme de demain, plus soutenable et moins purement financier, on peut rêver, et travailler, à une gouvernance renouvelée, consciente de ses impératifs de croissance et ambitieuse de ses progrès sociaux, lucide sur les mutations dont elle est à la fois le lieu et l'enjeu, tant pour ses clients, pour ses salariés, que pour la société. La « raison d'être » de l'entreprise se voit ainsi élargie avec la loi PACTE[28] (article 169-I, ajouté à l'article 1833 du Code civil) qui intègre le souci d'une société gérée dans une perspective sociétale prenant en considération les enjeux sociaux et environnementaux de son activité.

Il y a donc, dans le monde tel qu'il devient, une place de plus en plus nécessaire pour ce capitalisme « partenarial » que j'appelle de mes vœux depuis de nombreuses années[29]. De quoi s'agit-il exactement ? Il existe plusieurs âges du capitalisme, auxquels correspondent plusieurs

---

28. Plan d'action pour la croissance et la transformation des entreprises.
29. Olivier Klein, « Faut-il redéfinir l'entreprise ? », conférence donnée à l'Université des administrateurs des Banques Populaires, 28 juin 2018 ; « Fonder l'entreprise du XXIe siècle », intervention aux Rencontres économiques d'Aix, juillet 2014.

âges de la gouvernance de l'entreprise et, *in fine* – c'est le plus important –, plusieurs âges du partage de la valeur créée.

Tout commence par le capitalisme familial durant tout le XIXe et au début du XXe siècle. C'est la forme initiale du développement des entreprises. Alors, les rapports entre les actionnaires – ceux qui détiennent l'entreprise – et ses dirigeants sont limpides : ce sont les mêmes personnes. Ainsi des Wendel, des Michelin, des Renault : des familles qui construisent des empires industriels sont propriétaires de leur entreprise tout en la dirigeant. Nul problème de gouvernance ici, et pas davantage de discussion poussée sur l'attribution du résultat.

Puis apparaît, outre-Atlantique tout d'abord, ce que l'on a appelé le capitalisme managérial. Il est la conséquence de ce qui était inéluctablement contenu dans le capitalisme familial. Les transmissions successives aux enfants et petits-enfants des empires constitués par les aïeux ont eu pour effet que de nombreux héritiers n'ont plus eu de fonctions de direction, tout en continuant à posséder une partie de l'entreprise. En outre, le besoin de capitaux nécessaires pour continuer de développer les entreprises a favorisé le développement de l'actionnariat via des sociétés anonymes. De sorte que s'est constitué de plus en plus un actionnariat détaché des fonctions de direction. La Bourse, qui prend son essor, a alors pour fonction d'assurer la circulation des capitaux, tel ou tel actionnaire n'entendant pas forcément s'attacher durablement la possession des titres de telle entreprise particulière. Ainsi, l'émiettement du nombre d'actionnaires a rendu le dirigeant d'entreprise tout-puissant. Au cours des Trente Glorieuses, le dirigeant non actionnaire connaît donc son âge d'or, et installe une gouvernance à sa main. La compétence et le charisme du dirigeant deviennent fondamentaux : c'est sur lui que reposent la croissance, la prospérité et la pérennité de l'entreprise.

Mais ces conglomérats, notamment à partir des années 1970 et 1980, finissent par montrer leurs limites : peu efficaces, ils ne produisent pas assez de valeur pour l'actionnaire, trop oublié. Parallèlement, avec la globalisation des marchés financiers, les actionnaires ont repris de la vigueur et du pouvoir, et ont souhaité reprendre la main sur l'intérêt qu'ils avaient à détenir des titres. La pression sur les dirigeants a monté, les OPA, les raids boursiers, etc., ont aligné fortement les intérêts des équipes dirigeantes sur celui des actionnaires. Le capitalisme est ainsi devenu... actionnarial. C'est alors que ce que l'on appelle la « gouvernance » est apparu : il s'est agi d'encadrer les actions des dirigeants, afin de prioriser dans leurs objectifs la maximisation de la richesse des actionnaires. Ainsi le fameux ROE (*Return On Equity*), ou retour sur investissement, devait-il atteindre les 15 %, quel que soit le secteur d'activité, la conjoncture, le niveau des taux d'intérêt, ou quoi que ce fût d'autre. La redistribution de la valeur s'est déformée en faveur des profits.

Il y eut pourtant des effets positifs à ce capitalisme actionnarial : les innovations technologiques, la mobilisation de forts capitaux (le capital-risque) pour transformer les start-up en grandes entreprises et, tout de même, l'actionnariat des salariés, dans les années 1990, ce qui a pu contrebalancer les effets des prétentions des actionnaires. Mais, on le sait bien, ce capitalisme actionnarial a fini par engendrer de très nombreux excès, qui ont, à plusieurs reprises, méthodiquement reproduit des crises économiques et financières. Les bulles et les krachs se sont succédé jusqu'à la plus grande crise depuis 1929 qui a bouleversé le monde économique et financier et, à sa suite, la société tout entière entre 2007 et 2009. Cette course à l'*hubris* a également conduit à ce que, dans les années 2000 aux États-Unis, le revenu moyen d'un dirigeant représentât 400 fois celui des salariés modestes, tandis que ce rapport n'était que de 1 à 44 en 1965[30].

Que faire pour éviter que ne se reproduisent ces effets néfastes du capitalisme actionnarial ? Est-il au fond légitime que le seul mandant du dirigeant soit l'actionnaire ? Il s'agit désormais de mettre en œuvre un capitalisme partenarial et voir que, de plus en plus, les autres parties prenantes de l'entreprise prennent aussi des risques qui, comme tels, doivent être réévalués. Dans les années 1990, tandis que les résultats des entreprises baissaient, les dividendes des actionnaires, sous leur pression, continuaient d'augmenter… En fait, le risque avait été reporté sur les salariés, qui ont connu de plus en plus d'incertitude sur la part variable de leurs revenus ou, tout simplement, sur leur emploi. Aujourd'hui, l'entreprise et la répartition de la valeur qu'elle produit doivent être repensées : salariés, fournisseurs, clients, dirigeants, actionnaires, les pactes de gouvernance doivent être infiniment plus équitables et plus complets. La société dans son ensemble, dont évidemment la situation environnementale, doit également être prise en compte.

Qu'on me permette de dire que certains modèles existent dans le secteur financier, qui s'appelle la banque coopérative ou mutualiste. Sans sacrifier en rien à leur efficacité, ces formes répondent déjà à l'intérêt de leurs clients sociétaires. La banque coopérative, pour revenir au modèle de

30. Lawrence Mishel et Jori Kandra, *CEO pay has skyrocketed 1,322% since 1978*, Economic Policy Institute, août 2021.

celle que j'ai l'honneur de diriger, est exactement dans ce registre : les clients sociétaires élisent les administrateurs, eux-mêmes sociétaires. La gouvernance post-crise économique, post-crise épidémique, doit donc être une gouvernance élargie, ou, si l'on veut, « augmentée » : une gouvernance qui distribue la valeur équitablement autour de principes clairs.

Le rôle clé de la confiance

Au moment de clore ces « morales provisoires » par temps de forte mutation, il n'est peut-être pas superflu d'en redessiner le fil rouge. Il s'est agi pour moi, qui suis si honoré de diriger la BRED depuis 2012, une banque coopérative de premier plan, de dire comment la banque de détail a trouvé l'occasion de se repenser sûre de son rôle social et convaincue que le digital, nécessaire et fructueux, doit toujours rester au service de la patiente construction du lien de confiance entre elle et ses clients. La mue est en cours, et loin d'être achevée. Chaque enseignement que l'on pensait pouvoir tirer il y a encore peu est susceptible d'être invalidé ou à tout le moins corrigé demain, ce qui invite évidemment à la prudence et à la modestie.

De même le digital doit-il être un outil qui permet d'approfondir le lien de confiance entre la direction de l'entreprise – bancaire ou non –, le management et les collaborateurs. Il ne doit en aucun cas en être une cause de délitement. Surtout, nous l'avons vu, lorsque de profondes mutations doivent être conduites. Une stratégie en laquelle le corps social de l'entreprise croit – car fondée sur des anticipations vérifiables dans le temps. Une mise en place de moyens adaptés pour réussir cette stratégie et des systèmes d'incitation mis en cohérence sont des éléments clés de la conduite réussie et la plus harmonieuse possible des transformations à mener.

Bref, une confiance partagée, entre l'entreprise et ses clients, comme entre la direction et le corps social de l'entreprise, est la pierre angulaire du succès de tous.

CONCLUSION

Les deux années qui se sont écoulées auront ainsi confirmé la banque comme partenaire indépassable de toutes les transitions, fussent-elles soudaines et imprévisibles telle une pandémie. Cependant, ce statut repose sur sa capacité à anticiper et à se transformer elle-même pour mieux servir ses clients et la société tout entière.

Son appréciation du temps long, sa science de la gestion et de la prise en charge du risque, son rôle d'intermédiaire de proximité entre les besoins et les capacités de financement de tous les acteurs de l'économie lui confèrent une forme de longévité salvatrice, garante de la possibilité et de l'acceptabilité du changement. Par sa conception maîtrisée et partagée de la transformation, elle agit comme un stabilisateur automatique des transitions, à même de les accélérer lorsqu'il le faut et de les freiner quand elles remettent en cause les institutions sociales.

En outre, qui ne voit que le rapport avec les territoires est en train de changer ? Tout un maillage spatial est à repenser et à parfaire autour des territoires, des lieux de vie, des fonctionnalités et des usages de la vie quotidienne. La banque de détail a un rôle majeur et durable à jouer dans ce vaste mouvement de reconfiguration. Son maillage territorial dense, que d'aucuns jugent obsolète et pittoresque, apparaît en réalité comme essentiel.

Pour accompagner ces façons renouvelées d'habiter, de travailler, de produire, la banque de détail, à l'existence pluriséculaire, est une institution nécessaire, permettant la vaste irrigation des activités, des échanges et des projets de vie. Dans ce cadre, le digital peut être un puissant vecteur de performances. Fétichisé, il se jouera de nous. Mais, s'il est bien compris, nous naviguerons avec lui plus forts et plus efficaces. Dans un monde où la réussite du projet collectif qu'est une entreprise passe par de bonnes anticipations et une gestion sereine des mutations. Et non par la fascination du choc des « disruptions ».

À l'opposé, en effet, de la disruption, censée causer sa perte, la banque mise sur la confiance comme principal déterminant de sa pérennité et de son utilité sociale. Les tendances de fond à l'œuvre aujourd'hui semblent lui donner, temporairement, raison. Nul doute qu'elle saura à l'avenir, comme elle a su le faire dans le passé, s'adapter intelligemment, mettant à profit les révolutions qui ne manqueront pas d'advenir, pour poursuivre sa mission pluriséculaire : contribuer à la construction d'une société efficace, dynamique et, plus que jamais, désirable.

BIBLIOGRAPHIE

Page 7 : Antonio Gramsci, *Cahiers de prison*, Gallimard, traduction française sous la responsabilité de Robert Paris : *Cahier 3*, §34, 283, 1948.

Page 8 : Ilya Prigogine et Isabelle Stengers, *La Nouvelle Alliance*, 1979.

Pages 8 et 78 : Henri Atlan, *Entre le cristal et la fumée. Essai sur l'organisation du vivant*, Seuil, 1979.

Page 9 : Friedrich Nietzsche, *Ainsi parlait Zarathoustra*, 1883-1885.

Page 10 : André Orléan, *De l'euphorie à la panique : penser la crise financière*, Presses de l'ENS, 2009 ; *L'Empire de la valeur : refonder l'économie*, Seuil, 2011.

Page 30 : Simon Nora et Alain Minc, *L'Informatisation de la société : rapport à M. le Président de la République*, La Documentation française, 1978.

Page 32 : « Une bombe sociale », *Le Monde*, 19 décembre 1978.

Page 35 : « Banques, la fin d'un monde », dossier paru dans *L'Express*, 29 octobre 2020.

Page 35 : Gabriel Nedelec, « Banques : plus de 100 000 suppressions de postes en un an », *Les Échos*, 18 février 2020.

Page 35 : Jean-Michel Hauteville, « Allemagne : Deutsche Bank supprime 18 000 emplois, le plus grand plan social de son histoire », *Le Monde*, 7 juillet 2019.

Page 37 : Philippe Escande, « Les banques face au tsunami des Gafa », *Le Monde*, 14 novembre 2019.

Page 48 : Salome Marcade, « Le boom des achats en ligne et des services de livraison », *YouGov*, 25 février 2021.

Page 65 : Paul Virilio, *L'Administration de la peur*, Textuel, 2010.

Page 77 : Philippe Aghion, Céline Antonin, Simon Bunel, *Le Pouvoir de la destruction créatrice*, Odile Jacob, 2020.

Page 84 : Lawrence Mishel et Jori Kandra, *CEO pay has skyrocketed 1,322% since 1978*, Economic Policy Institute, août 2021.

DU MÊME AUTEUR, SUR LE MÊME THÈME

Tous les articles ci-après peuvent être retrouvés sur le blog d'Olivier Klein : www.oklein.fr

« Le rôle irréductible des banques commerciales », *Banque & Stratégie*, avril 2021.

« Stratégies de la banque de détail face à la révolution technologique », *Revue d'économie financière*, « Technologies et mutations de l'activité financière », numéro codirigé par Olivier KLEIN et Jean-Paul POLLIN, professeur agrégé des universités, spécialiste d'économie monétaire et financière, janvier 2020.

« La planète finance ou la finance de l'économie réelle », colloque organisé par l'Institut des hautes études de l'aménagement des territoires, février 2019.

« Interventions d'Olivier KLEIN et de Guy CORMIER, président du Mouvement Desjardins, lors du lancement du Coopérathon », novembre 2018.

« Pourquoi investir dans le capital humain est-il aujourd'hui plus important qu'hier ? », *Harvard Business Review France*, octobre 2018.

« Les atouts des banques de réseau face au risque d'ubérisation », conclusion du livre *Les Banques face à leur avenir proche*, Eyrolles, juillet 2018.

« Faut-il redéfinir l'entreprise ? », conférence donnée à l'Université des administrateurs des Banques Populaires, 28 juin 2018.

« Pour un capitalisme partenarial », *Les Échos*, 20 mars 2018.

« La complémentarité entre réseaux physiques et digitaux », échanges avec Alexandre BOMPARD, directeur général du groupe Fnac-Darty, sur la stratégie à mener face au défi du digital, lors de la convention du Groupe BRED, 11 janvier 2017.

« De la transformation nécessaire des institutions financières dans un marché incertain », intervention lors de la 7e conférence annuelle « Global Financial Services Leadership », organisée par A. T. Kearney, 25 octobre 2016.

« Révolution digitale, mutation managériale », *Les Échos*, 28 juillet 2016.

« La banque de réseau augmentée du digital », *Revue Banque*, mai 2016.

« Dans la crise, un espoir raisonné », *Les Échos*, 19 janvier 2016.

« Échanges avec Philippe Aghion sur le thème du "mouvement" », convention du Groupe BRED, décembre 2015.

« Banque et nouvelles technologies : la nouvelle donne », *Revue d'économie financière*, décembre 2015.

« La banque sans distance, le nouveau monde », novembre 2015.

« Oui, il y a encore de la place pour la banque de réseau », *Les Échos*, 11 février 2015.

« À quoi servent les banques ? Retour aux fondamentaux », *Les Échos*, 12 janvier 2015.

« Fonder l'entreprise du XXIe siècle », intervention aux Rencontres économiques d'Aix, juillet 2014.

« Crises et mutations, vers de nouvelles opportunités ? », *La Nouvelle Revue de Géopolitique*, n° 12, janvier-février-mars 2014.

« Quel *business model* pour la banque de détail ? », *Les Échos*, octobre 2004.

Imprimé en France en février 2022
par l'Imprimerie Maury S.A.S. à Millau (12)

N° d'imprimeur : B22/70699C
Dépôt légal : février 2022